LENGUAJE JURÍDICO

BLANCA AGUIRRE BELTRÁN
MARGARITA HERNANDO DE LARRAMENDI

LENGUAJE JURÍDICO

Sociedad General Española de Librería, S. A.

Primera edición en 1997
Tercera edición en 2007

EL ESPAÑOL
por profesiones

Produce: SGEL-Educación
Avda. Valdelaparra, 29 - 28108 ALCOBENDAS (Madrid)

Directora de la colección: Blanca Aguirre

Agradecemos los textos y documentos cedidos por las entidades e instituciones mencionadas en la obra. (Unidad 4, Editorial FORUM, página 4; OTROSI, página 63; Administración de Justicia, páginas 65-67).

© Blanca Aguirre Beltrán - Margarita Hernando de Larramendi, 1997
© Sociedad General Española de Librería, S. A., 1997
Avda. Valdelaparra, 29 - 28108 ALCOBENDAS (MADRID)

ISBN-10: 84-7143-601-9
ISBN-13: 978-84-7143-601-6
Depósito legal: M-33077-2007
Impreso en España-Printed in Spain

Cubierta: Erika Hernández
Ilustraciones y fotos: Archivo SGEL
Maqueta: S. Martínez

Compone: Amoretti S.F., S. L.
Imprime: SITTIC, S. L.
Encuaderna: F. Méndez, S. L.

Presentación

El presente título, **LENGUAJE JURÍDICO,** de la colección **El Español por Profesiones,** está dirigido a todas aquellas personas que tienen conocimientos básicos de la lengua española y desean continuar su aprendizaje y profundización para utilizarla en un contexto profesional.

Esta obra pretende satisfacer las necesidades específicas de comunicación, tanto oral como escrita, de todos aquellos profesionales relacionados con el Derecho y la Jurisprudencia. Para ello, el material ha sido organizado en ocho unidades didácticas subdivididas, cada una de ellas, en tres secciones.

En cada sección, el lector encontrará los siguientes apartados:

- **Presentación:** documentos auténticos o diálogos que introducen la situación profesional, el tema y el léxico pertinente.

- **Para leer y comprender.**
- **Para hablar.**
- **Para practicar.**
- **Para terminar.**

Incorporan las cuatro destrezas básicas, así como los ejercicios y actividades comunicativas que permiten la familiarización con los procedimientos y documentos de la profesión.

Con el fin de facilitar el aprendizaje y la adquisición de léxico, se ha introducido una **Sección de Consulta** en la que, en los apartados de Diccionario, Funciones, Gramática y Memoria, *figuran las definiciones y explicaciones de los términos, los exponentes de las funciones, los aspectos gramaticales y las nociones desarrolladas en cada una de las unidades didácticas del libro.*

Para aquellos que adopten el sistema de autoaprendizaje, se incluye una Clave de Soluciones *de los ejercicios propuestos.* Y, a continuación, los Apéndices de Abreviaturas y Siglas, *así como un* Glosario multilingüe.

Confiamos en que, no sólo este título, sino toda la colección, sea de utilidad para profesionales, profesores y alumnos.

LAS AUTORAS

CONTENIDOS

Unidad	TEMAS Y SITUACIONES	ACTIVIDADES
1	**Introducción al Derecho** A) ¿Qué es el Derecho? B) Fuentes del Derecho C) Apuntes de Derecho Español	• Conceptos y nociones básicas del Derecho. • Introducción al Derecho Español. • Comprensión y exposición de temas jurídicos. • Prácticas de redacción y pronunciación. • Adquisición de léxico jurídico. • Corrección ortográfica. • Familiarización con aforismos latinos.
2	**Clasificación, Estudios y Práctica del Derecho** A) División del Derecho B) Estudios de Derecho C) El Ejercicio Profesional	• Comprensión y expresión escrita. • Tomar notas. • Familiarización con la carrera y el ejercicio profesional. • Prácticas de traducción y correspondencia. • Relaciones y contextos laborales y profesionales. • Redacción de cartas de presentación, Currículum Vitae y entrevista de trabajo. • Consolidación de léxico específico. • Comunicación no verbal.
3	**La Constitución y el Poder Judicial** A) El Estado de Derecho y la Constitución B) Del Poder Judicial C) Organización Judicial Española	• Organización Judicial Española. • Revisión de conceptos básicos. • Interpretación y exposición de información técnica. • Expresión oral y escrita. • Familiarización con procedimientos legales. • Análisis de textos fundamentales. • Corrección ortográfica y oral.
4	**Derecho Procesal** A) Proceso y Procedimiento B) Actos Procesales C) Procedimiento Penal	• Principios de Derecho Procesal. • Función Jurisdiccional. • Comprensión y expresión oral y escrita. • Familiarización con procedimientos y resoluciones judiciales. • Técnicas de adquisición de léxico. • Estructura y prácticas con actos procesales. • Publicaciones jurídicas.
5	**Derecho Penal y Criminología** A) En el Juzgado B) Juicio Oral C) Criminología y Penología	• Supuestos profesionales en contextos de comunicación oral. • Interpretación de instrucciones y procedimientos. • Comprensión oral y escrita. • Prácticas con escritos legales. • Técnicas de exposición y de argumentación. • Juicios orales y con Jurado. • Nociones de Criminología y Penología. • Comprensión de textos de prensa.

CONTENIDOS

Unidad	TEMAS Y SITUACIONES	ACTIVIDADES
6	**Derecho Privado Civil y Mercantil** A) Derecho Civil B) Sociedades Mercantiles C) Obligaciones y Contratos	• Organización de la información. • Técnicas de adquisición de vocabulario. • Relaciones societarias y contractuales. • Supuestos profesionales. • Documentos extrajudiciales. • Familiarización con los actos de empresa. • Adquisición de terminología jurídico-económica. • Exposiciones de condiciones contractuales. • Debate: técnicas de negociación. • Cumplimentación de formularios y contratos.
7	**Asesoramiento Jurídico** A) Obligaciones del Empresario B) Reclamación de Deudas C) Derechos Adquiridos	• Supuestos de asesoramiento jurídico. • Interacción presencial y por teléfono. • Exposición de resultados de gestión y representación gráfica. • Reuniones sociales y comerciales. • Interpretación de información técnica. • Formación de lenguaje específico. • Aspectos culturales. • Medios de pago y cobro.
8	**Derecho Internacional, Derecho Comunitario y Derecho Medioambiental** A) Derecho Internacional Público y Privado B) Instituciones de la Unión Europea y Ordenamiento Jurídico Comunitario C) Asesoría Medioambiental	• Relaciones internacionales. • Aspectos legales medioambientales. • Estudio de las instituciones de la U.E. • Comprensión y exposición de información técnica. • Expresión oral y escrita. • Lectura extensiva de publicaciones oficiales. • Información no textual. • Prácticas de correspondencia. • Traducción técnica y uso del diccionario. • Aspectos culturales.

Sección de Consulta

Clave de la solución de los ejercicios

Apéndice de abreviaturas y siglas

Glosario multilingüe

1

Introducción al Derecho

A ¿QUÉ ES EL DERECHO?

En un Estado moderno, el Derecho es el conjunto de normas —leyes, preceptos y reglas de diverso tipo—, establecidas y respaldadas por éste, que regulan tanto las relaciones de los individuos en la sociedad como la organización de la sociedad misma. Los fines del Derecho son asegurar la convivencia y la armonía tanto del bien individual como del bien común, a través de la seguridad y la justicia.

Lo que diferencia las normas jurídicas —propias del Derecho— de otro tipo de normas (como son las de carácter ético o de corrección social) es su coercibilidad. Es decir, la posibilidad de exigir su aplicación a través de los órganos establecidos y dotados de medios para hacerlas cumplir, como son las autoridades y los tribunales.

Las normas jurídicas son creadas, modificadas, derogadas e impuestas por el Estado. Pueden ordenar o prohibir hacer algo, bajo amenaza de sanción (normas imperativas); o conceder medios a quienes se encuentran en determinadas circunstancias para conseguir fines (normas dispositivas).

El término Derecho puede designar dos cosas diferentes:
- Las reglas de conducta que una sociedad impone a sus miembros para garantizar el bien común, y cuya violación está sancionada. Este conjunto de normas, reflejo del aspecto imperativo y sancionador, es el **Derecho objetivo.**
- La facultad reconocida legalmente a una persona de actuar —dentro de ciertos límites—, y de exigir de los demás el respeto a tal potestad, está patente en el **Derecho subjetivo.** Es el poder de usar y disponer, al libre albedrío, de propiedades, frutos y rentas.

Son derechos subjetivos los personales, los de la familia y los patrimoniales (derechos reales, derechos sobre bienes inmateriales, derechos de crédito y derecho hereditario). El contrato y el testamento son dos figuras, reguladas por la ley, mediante las cuales se manifiesta la posibilidad de modelar las relaciones jurídicas según la voluntad individual.

1. Para leer y comprender

a) Tome nota de las palabras-clave del tema y tradúzcalas a su idioma.

b) Responda a las siguientes preguntas:

1. ¿Qué es el Derecho y cuáles son sus fines?
2. ¿Qué significa **coercibilidad**?
3. ¿Quién establece las normas jurídicas?
4. ¿Cuál es la diferencia entre norma imperativa y norma dispositiva?
5. ¿Qué se entiende por **Derecho objetivo** y **Derecho subjetivo**?
6. La regulación de la propiedad, ¿pertenece al Derecho objetivo o al subjetivo?

c) Explique o defina las siguientes expresiones:

- ley
- precepto
- jurídico
- tribunal
- sanción
- bien común
- violación de una ley
- facultad
- potestad
- albedrío
- testamento
- contrato

2. Para hablar

a) **Formulen preguntas a sus compañeros sobre las nociones básicas de Derecho.**

b) **Por parejas: reflexione y comente con su compañero el significado de los siguientes enunciados:**

- El Derecho es la libertad que debe ser respetada.
- ¡Tengo derecho!
- El derecho es un poder jurídico.
- Ius est ars boni et aequi.
- El derecho es un criterio para solucionar un problema. Ese criterio se expresa en una **norma agendi** (derecho objetivo) y en una **facultas agendi** (derecho subjetivo).
- El Derecho es una forma de vida social.
- Ubi societas, ibi ius.

3. Para practicar

a) **Elija la opción correcta:**

1. Toda regla de conducta se formula con la pretensión de ser/estar/haber sido cumplida.
2. Los actos jurídicos realizados con coacción están/siendo/son anulables.
3. El Derecho comparado sería/fue/es una de las grandes manifestaciones de la cultura universal.
4. Los principios generales del Derecho es/son/están conceptos básicos que presentan diversa gradación y diversa extensión.
5. Los principios **omnivalentes** está/están/son válidos en todas las formas del saber; los **plurivalentes** eran/pueden ser/están aplicables a varios campos de conocimiento; los **monovalentes** sólo valen en el ámbito de una determinada ciencia. Tal es/fue/son el caso de los principios generales del Derecho.

b) **Complete las frases con la preposición adecuada.**

1. El respeto .... las normas .... todo tipo favorece la paz social.
2. El Derecho sirve .... regular las relaciones .... los miembros .... la sociedad.
3. Es la facultad natural .... el hombre .... hacer o exigir legítimamente.
4. Robar no está permitido .... la ley.
5. Los ciudadanos tienen derecho .... disponer .... sus bienes .... su voluntad.

c) **Relacione los derechos con la definición correspondiente utilizando que, cual, quien, cuyo, etc.**

Ejemplo: Derecho es la ciencia que estudia las leyes y su aplicación.

1. Reconocidos por el código civil a los nacionales de un estado.
2. Percibidos por el titular de un dominio señorial.
3. Impuesto que grava las transmisiones de bienes y otros actos civiles.
4. Considerados como inherentes a la naturaleza humana. Implica aplicación y respeto por todo poder político.
5. Un estado, región o municipio tiene derecho a cobrar.
6. Nacido de la costumbre.

a) de aduanas
b) consuetudinario
c) civiles
d) señoriales
e) humanos
f) reales

d) *Complete el cuadro con palabras de la misma raíz.*

Nombre	Verbo	Adjetivo	Adverbio
coerción			
			posiblemente
		jurídico	
	corregir		
ley			
regla			
		hereditario	
		dispositiva	
	sancionar		
	dotar		
justicia			
seguridad			

e) *Elija uno de los siguientes temas para desarrollar por escrito (300 palabras).*

1. Concepto y estructura tridimensional del Derecho.
   — aspecto normativo (como odernamiento)
   — aspecto fáctico (como hecho)
   — aspecto axiológico (como valor de justicia)
2. El poder coercitivo de las normas jurídicas.
3. Derecho comparado: concepciones europeas y concepciones extraeuropeas del derecho.

4. Para terminar

a) Explique el significado de los términos y expresiones en latín y tradúzcalos a su idioma.

1.	ab absurdo	7.	casus belli
2.	ab initio	8.	consensus omnium
3.	ab intestato	9.	ex consensu
4.	ab origine	10.	in articulo mortis
5.	ab hominen	11.	in extenso
6.	ad hoc	12.	in terminis

b) Busque en la sopa de letras el término correspondiente a las siguientes definiciones de derechos:

1. Regula las relaciones jurídicas poniendo en ejercicio la actividad judicial.
2. Creado al amparo de una legislación y que merece respeto de las posteriores.
3. Mandato recogido en normas de obligatoria observancia que afectan al orden público jurídico, cuya transgresión da lugar a la nulidad de pleno derecho.
4. Método de trabajo y estudio de fuentes, leyes, instituciones, situaciones y sistemas jurídicos del mundo.
5. Derecho civil codificado contrapuesto al derecho foral.
6. Nacido de la costumbre.
7. Sistema de normas jurídicas que informa y regula efectivamente la vida de un pueblo en un determinado momento histórico.
8. Conjunto de normas que regulan el paso de una situación legal a otra nueva.
9. Principios universales dictados por la recta razón y fundados en la naturaleza humana y que como ideal trata de realizar el derecho positivo.
10. Se aplica subsidiariamente, cuando no existe disposición expresa, en el ordenamiento considerado principal.

```
M R L C P E L G C O M U N S H
U O L Q M M F O O I J V Z D B
V N N D V D M H N X I S V A X
B K O Y X P T Z S Y K G S R A
T S K N A C R U U F H F U M C
A A B R O P A U E H E G P B D
A A A P O T N A T U R A L Y E
J D Q J V S S E U P U N E D H
O J Q F I I I D D I Z C T D I
E E Z U T C T U I B Y A O Z U
D T G B I I O R N Q M X R V K
R I A H S R R K A S T L I S L
D V S G O X I Y R R R O O X L
F O T A P V O D I E P Q A B N
C E B U V Z X C O G E N T E O
A C D B I O E F G H L L M A U
```

Las fuentes del Derecho son los procesos o medios en virtud de los cuales las normas jurídicas se positivizan con fuerza legítima obligatoria, esto es, con vigencia y eficacia.

Las fuentes principales son:

LEY: precepto justo, estable y suficientemente promulgado que, en el Derecho moderno se caracteriza por su origen estatal y su forma escrita.

COSTUMBRE: el Derecho consuetudinario tiene un origen incierto, se ignora cuándo y cómo surge. Generalmente, no se sabe de dónde procede un determinado uso o hábito social que se ha convertido en uso jurídico, ni quién lo inició. También se diferencia de la ley por la forma ya que, a excepción de algunos casos, no está escrita.

JURISPRUDENCIA: fija el estado del Derecho, reflejado en el conjunto de soluciones que adopta el Tribunal Supremo al aplicar el Derecho a un caso concreto.

LA CONSTITUCIÓN: norma jurídica de aplicación directa. La Constitución española de 1978 es la ley suprema de la nación, de la cual derivan todas las demás. Además, determina el ordenamiento jurídico en su totalidad.

Tradicionalmente, también se incluye como fuente del Derecho la **DOCTRINA:** expresión privada de las concepciones sobre el Derecho y las diversas soluciones positivas (tratados, ensayos, comentarios, notas, etc.). Tiene por objeto resolver dificultades de interpretación o de adaptación y proponer innovaciones. No tiene valor vinculatorio.

Respecto de las formas de elaboración del Derecho no hay uniformidad, ni en los diversos países ni en las diferentes épocas. Cada sistema jurídico tiene sus propias fuentes, dependiendo exclusivamente de las circunstancias históricas y sociales de cada país. En el mundo occidental, se pueden distinguir dos grandes tipos de ordenamiento jurídico:

a) el de las naciones latinas y germánicas, de tradición romanística (civil law o continental), en las que prima el proceso legislativo;

b) el de tradición anglo-americana (common law), en los que prevalecen los usos y las costumbres y la jurisprudencia.

1. Para leer y comprender

a) Tome notas para contestar:

- Definición de fuente del Derecho.
- Tipos de fuentes.
- Sistemas jurídicos mencionados.

b) Reflexione e indique las diferencias entre ley y costumbre:

— origen
— forma de elaboración
— extensión o ámbito de aplicación
— forma
— vigencia

c) **Clasifique los términos y complete el cuadro, cuando sea posible:**

	Nombre	Verbo	Adjetivo
Hábito	X	*Habituar*	*Habitual*
Medios..................................			
Legítima................................			
Consuetudinario			
Surge			
Fija.......................................			
Vinculatorio			
Prima....................................			
Doctrina...............................			

2. Para hablar

a) **En grupo: formulen preguntas a sus compañeros sobre las fuentes del Derecho expuestas en el texto y las que prevalecen en el ordenamiento jurídico de sus países (codificada, escrita o no, etc.).**

b) **Elijan uno de los siguientes temas para hacer una exposición oral. Pueden utilizar material audiovisual.**

— Diferencias de los sistemas jurídicos en los países de **civil law** y **common law.**
— La concepción del Derecho en África y Asia.
— Otros sistemas jurídicos contemporáneos.
— Derechos basados en la religión.

> **Recuerde:**
> Saludo
> Presentación personal
> Introducción del tema
> Exposición del tema
> Resumen de los puntos principales
> Turno de preguntas

3. Para practicar

a) **Complete las frases siguientes con y/e/u/o/no/ni:**

1. Con el tiempo, la costumbre quedó englobada .... refrenada por la ley .... ésta la rechazó abiertamente.
2. No existe uniformidad, ... en los distintos países .... en las distintas épocas.
3. La prevalencia de una .... otra fuente depende de las circunstancias.

4. Las normas jurídicas .... son copias de algo dado de antemano en el proceso social.

5. Se dice que la ley es siempre escrita, pero en el Derecho consuetudinario .... lo es.

b) *Escriba frases utilizando las siguientes palabras en contextos distintos:*

1. fuente: ....
2. virtud: ....
3. justo: ....
4. hábito: ....
5. concepción: ....
6. prima: ....

c) *Redacte la definicióin de los términos jurídicos. Puede utilizar un diccionario técnico.*

— ley
— norma
— reglamento
— decreto
— resolución

d) *Acentúe las palabras, si es necesario:*

| legitimo | resoluciones | solucion | germanico |
| anglo-sajon | epocas | nocion | metodo |

4. Para terminar

a) *Los brocardos son aforismos, sentencias, axiomas legales o refranes jurídicos que siguen presentes en los foros y se invocan en las decisiones judiciales preferentemente en latín. ¿Podría decir el significado de los siguientes?*

1. Ad impossibilia nemo tenetur.
2. Exceptiones sunt strictissimae interpretationis.
3. Permittitur quod non prohibetur.
4. Semper in dubiis benigniora praeferenda sunt.
5. Ubi eadem legis ratio, ibi eadem legis dispositio.
6. Utile per utile von vitiatur.

b) *Redacte una breve nota sobre el origen, fines y contenido de las declaraciones siguientes:*

• Bill of rights (1689).
• Declaración de los derechos del hombre y del ciudadano (1789, 1793 y 1795).
• Declaración universal de los derechos humanos (1948).

1. Derecho primitivo

El sistema jurídico de los pueblos que habitaban la península antes de la romanización —íberos, celtas, celtíberos, etc.—, de distinto origen, cultura y vida política, se basaba en la **costumbre.** Hay que señalar la influencia que tuvieron los pueblos que, procedentes del Mediterráneo oriental (fenicios y griegos), se asentaron en la zona levantina.

2. Derecho hispanorromano

El proceso de romanización jurídica no se realizó hasta la época imperial. A partir del siglo III, el Derecho romano constituyó el derecho de la población hispanorromana con la recepción de las fuentes genuinas: **ius** (jurisprudencia) y **leges** (constituciones de los emperadores). Ahora bien, la aplicación de este Derecho sufrió adaptaciones a las prácticas y costumbres autóctonas y generó un derecho híbrido (Derecho romano vulgar).

3. Derecho hispanovisigodo

El pueblo visigodo se regía por un derecho consuetudinario —de estirpe germánica— que, de acuerdo con el criterio de personalidad de los pueblos germánicos, afectaba sólo a sus miembros y respetaba el derecho de los pueblos sometidos. Según el pensamiento tradicional, godos e hispanorromanos vivieron bajo dos legislaciones: *Código de Eurico* (475) y *Lex Romana Wisigothorum,* selección de textos romanos ordenada por Alarico (606). Sin embargo, es posible que unos y otros quedaran sometidos al mismo régimen jurídico desde el principio. En todo caso, tras la conversión de Recaredo al catolicismo, se produjo la unificación jurídica con la promulgación del **Liber Iudiciorum,** por parte de Recesvinto (681).

4. Derecho en la Alta Edad Media

Con la ocupación musulmana de la península (711), se produjo la escisión del territorio en dos zonas: musulmana y cristiana, dándose una gran diversidad jurídica. Sin embargo, el Derecho musulmán no influyó en el proceso formativo del Derecho español. En este período, el derecho se caracteriza por ser un producto popular, consuetudinario, de ámbito local y formalista, reflejo de la vida agraria de la época, y que responde a la concepción privada de las relaciones jurídicas.

Se desarrolla un **usus terrae** que superpone varios elementos: **usus terrae,** privilegios reales o señoriales y decisiones de los jueces locales. En el siglo X, aparecen por escrito los **fueros municipales** y **las cartas de franquicias,** que recogen el derecho de la localidad en sus aspectos más esenciales y, desde fines del siglo XII y en el XIII, se fijan de forma más amplia en los **Fueros** de León, Castilla y Aragón y en la colección de **Costums** de Cataluña.

5. Derecho en la baja Edad Media

El fortalecimiento del poder real, los avances de la Reconquista, las relaciones comerciales y la recepción de otras corrientes jurídicas se reflejan en los pueblos hispánicos. Los reyes, asistidos por las Cortes, realizan una gran actividad legislativa.

En el siglo XIII, la característica fundamental es la recepción del Derecho romano-canónico, según se estudiaba en las universidades italianas y, después, en las de la península. Es un Derecho más unificado, científico, de fuente oficial e inspirado en el derecho romano justiniano juntamente con el canónico de los Decretales. A esta época pertenece el ejemplo más notable de creación jurídica: el *Código de las Siete Partidas* de Alfonso X el Sabio.

6. Derecho de la Edad Moderna

La unión de los reinos peninsulares, con los Reyes Católicos, y las corrientes políticas permitieron la unificación jurídica. Si bien subsistieron derechos peculiares de cada uno de los reinos en lo que concernía al derecho privado, penal, procesal y mercantil. En este período hay que señalar la legislación de los nuevos dominios de las Indias, las *Leyes de Burgos* (1512) y las *Leyes Nuevas* (1542-43), cuya Recopilación (1680) se mantuvo en vigor hasta la independencia de los territorios e influyó en la legislación de algunas repúblicas sudamericanas.

7. Derecho constitucional

Tras la guerra de Independencia frente a la invasión napoleónica (1808-1814) se produjo una gran transformación en el orden político y jurídico. El nuevo estado se inspira en las doctrinas del siglo XVIII —triunfantes con la Revolución Francesa— y como reacción al absolutismo borbónico. Este nuevo espíritu se plasma en la Constitución de Cádiz (1812). En el orden político se establece el principio de soberanía nacional como fuente de todo derecho y poder —encarnada en las Cortes— y cuya relación con el soberano quedaba fijada en la Constitución. En el orden jurídico se producía la plena unificación del derecho en todos sus aspectos. Las constituciones de los siglos XIX y XX respondían a diversas alternativas políticas, cuyos principios se desarrollaban en las leyes.

1. Para leer y comprender

a) Anote los aspectos del Derecho Español en los siguientes períodos:

1. Siglos VIII-XII
2. Siglos XVI-XVIII
3. Siglos XIII-XV
4. Siglos III a.J.C.-V d.J.C.
5. Hasta el siglo III a.J.C.
6. Siglos XIX-XX
7. Siglos V-VIII

b) Prepare un cuadro sinóptico para representar las etapas y características del Derecho español, anotando los aspectos comunes y las diferencias con la historia del derecho de su país.

Etapa	Siglos	Influencias	Características	Mi país

c) Corrija los enunciados siguientes en caso de ser falsos.

1. Los fenicios adoptaron el sistema jurídico de los celtíberos.
2. La romanización de la península implicó la implantación del Derecho romano.
3. El Derecho romano se basaba en la costumbre.
4. El Código más importante de la época hispanorromana es el de las *Siete Partidas*.
5. El Derecho altomedieval se desarrolló entre los siglos XV-XVIII.
6. El Derecho español no recibió ninguna influencia en la época bajomedieval.
7. Durante el reinado de los Reyes Católicos se realizó una gran actividad legislativa.
8. Con la Constitución de 1812 comienza la etapa del Derecho constitucional en España.

2. Para hablar

a) Lea en voz alta el texto sobre el Derecho español, con la entonación y ritmo adecuados en un contexto académico. También, lo puede grabar.

b) Por parejas: formule preguntas a su compañero utilizando el cuadro sinóptico que ha preparado en C.1.b.

3. *Para practicar*

a) Complete el texto con los acentos y la puntuación adecuados.

«La exposicion evolutiva de la historia del Derecho español exige sentar previamente que este constituye el resultado historico de elementos muy diversos en el orden etnico social cultural etc y de su fusion en la unidad del alma española El Derecho español no pertenece a los que cuentan desde un principio con sustantividad propia como ocurre por ejemplo con el romano germanico o arabe sino que alcanza su sustantividad a lo largo de su desarrollo mediante la asimilacion de elementos extraños y diversos fundidos en un sistema y marcados por una impronta peculiar y caracteristica.»

b) Busque los antónimos en un diccionario e indique los matices de los siguientes adjetivos:

	Antónimo	+	-
Coercitivo................			
Incierto			
Legítimo			
Genuino....................			
Híbrido			
Formalista................			
Esencial...................			
Triunfante................			

c) Exprese de otra manera:

— Capítulo cuarto
— Siglo diecisiete
— Año mil ciento once a.J.C.
— Fernando tercero
— Pablo sexto

— Siglo XXI
— Juan XXIII
— Capítulo X
— Isabel II
— 1492

d) Escriba el texto siguiente en pasado:

«El derecho del pueblo romano se extiende desde los orígenes de la ciudad de Roma hasta el reinado de Justiniano I, emperador de Bizancio, a quien se debe la gran compilación *Corpus iuris civilis* con que se cierra la historia jurídica de Roma. Pero la importancia del derecho romano no estriba sólo en constituir un aspecto de la civilización antigua o en sus virtudes intrínsecas, sino en que, a partir del siglo XI, renace en el occidente europeo el conocimiento y estudio de esa compilación de Justiniano, que se convierte en el eje de la evolución doctrinal y práctica del derecho de esa área geográfica, salvo en algún país como Inglaterra que casi se mantendrá inmune de influencias romanísticas y desarrollará sus propias formas jurídicas.»

4. Para terminar

a) Explique el significado de las expresiones en latín y tradúzcalas a su idioma.

1. ipso facto
2. lapsus linguae
3. modus vivendi
4. motu propio
5. nequaquam
6. nota bene

7. peccata minuta
8. per capita
9. per se
10. post mortem
11. pro indiviso
12. quid pro quo

b) Consolidación del vocabulario de esta unidad.

1. Revise rápidamente los textos de las secciones A, B y C y anote todas las palabras y expresiones que recuerde, siguiendo la clasificación:

Ideas/conceptos	Personas	Acciones	Documentos
Justicia	*Emperador*	*Legislar*	*Testamento*

2. Por parejas: elija cinco términos y pida a su compañero que se los explique (definición, descripción, traducción, representación gráfica).

2

Clasificación, estudios y práctica del derecho

A | DIVISIÓN DEL DERECHO

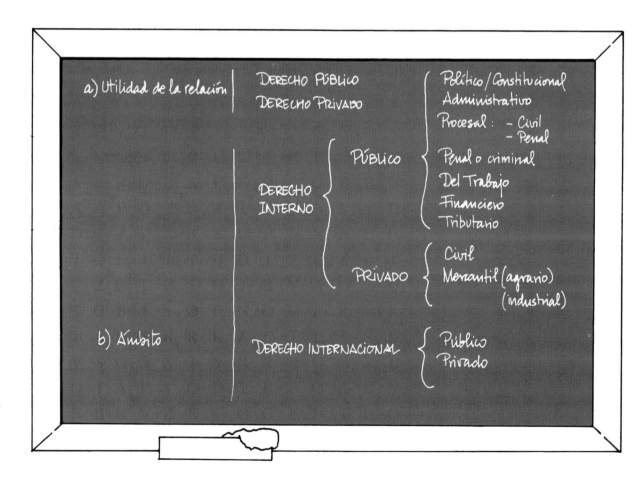

a) Utilidad de la relación | DERECHO PÚBLICO
DERECHO PRIVADO

Político / Constitucional
Administrativo
Procesal : – Civil
– Penal

PÚBLICO

Penal o criminal
Del Trabajo
Financiero
Tributario

DERECHO
INTERNO

PRIVADO

Civil
Mercantil (agrario)
(industrial)

b) Ámbito

DERECHO INTERNACIONAL

Público
Privado

La Ciencia del Derecho ha establecido diversas clasificaciones del mismo, dependiendo de los distintos criterios.

La primera división se debe a los juristas romanos quienes, siguiendo el criterio de utilidad de la relación, distinguían entre Derecho Público (**Publicum ius est quod ad statum rei romanae spectat**) y Derecho Privado (**Privatum, quod ad singulorum utilitatem pertinet**). Así, el Derecho Público tiene por objeto regular el orden general del estado y sus relaciones, ya sea con los ciudadanos, ya sea con los demás estados. Por tanto, afecta a los fines del estado y sus normas están consagradas al interés de la comunidad considerada en su conjunto. Por su parte, el Derecho Privado es un conjunto de normas que regulan las relaciones entre personas físicas y jurídicas.

En el orden jurídico internacional, se ha formado un Derecho Internacional Público —llamado también Derecho de gentes— que se ocupa de determinar las competencias entre los estados, establecer las obligaciones que vienen impuestas por el ejercicio de aquéllas y reglamentar la competencia de las instituciones internacionales. Igualmente, se ha convenido en llamar Derecho Internacional Privado al conjunto de reglas creadas para resolver los conflictos de leyes— o de las colisiones o concurrencias de las mismas en el espacio— y regular las relaciones jurídicas privadas internacionales, sin consideración previa a la competencia legislativa.

1. Para leer y comprender

a) Responda a las siguientes preguntas:

1. ¿Cuál es el origen de la distinción entre Derecho Público y Privado?
2. ¿Existe una única clasificación del Derecho? ¿Por qué?
3. ¿Cuál es el objeto del Derecho Público?
4. ¿Para qué se ha creado el Derecho Internacional?
5. ¿Cuál es el ámbito de aplicación del Derecho Interno Público Financiero?

b) Indique la rama correspondiente del Derecho:

1. Regula las relaciones entre las organizaciones internacionales, o entre los estados, entre los súbditos de distintos países.
2. En relación a las cosas del Estado.
3. Sólo tiene fuerza obligatoria en el interior de las fronteras de un país.
4. En relación a los intereses de cada uno de los miembros de la sociedad.

c) Explique las expresiones siguientes:

— Utilidad de la relación.
— La comunidad considerada en su conjunto.
— Determinar las competencias entre los estados.
— Persona física o jurídica.
— Resolver los conflictos de leyes —o de colisiones o concurrencia de las mismas— en el espacio.

2. Para hablar

a) ¿Está de acuerdo con la división del Derecho expuesta?

1. En caso afirmativo, razone su respuesta.
2. En caso negativo, razone su respuesta y presente un cuadro de clasificación alternativo, de acuerdo con sus criterios.

b) Por parejas: pregunte a su compañero sobre el objeto y contenidos de las ramas de Derecho Interno, Público y Privado.

c) En grupos: reflexionen e indiquen la rama del derecho implicada en los siguientes casos de conflicto:

1. En las relaciones de orden personal entre nacionales de estados diferentes.
2. En las relaciones entre los súbditos de un país y los entes públicos de ese país.
3. Por infracción de la ley penal.
4. Por incumplimiento de contrato entrc empresas de un mismo país.
5. Por violación de las normas jurídicas o conducta delictiva.

3. Para practicar

a) Subraye los verbos que aparecen en el texto y anote las formas verbales de cada uno de ellos en el cuadro siguiente:

Infinitivo	Gerundio	Participio pasado
Establecer	estableciendo	establecido

b) Escriba las frases siguientes, según el ejemplo:

El derecho ⎰ establece.
⎱ ha establecido diversas clasificaciones.
   estableció.

1. El Derecho Público afecta a los fines del estado.
2. Nosotros creamos normas para resolver los conflictos.
3. Otras ramas del derecho regulan las relaciones internacionales.
4. Esa norma concurre con otra.
5. Siempre imponen su ley.

c) *Relacione cada rama del Derecho con sus correspondientes objetos y sujetos:*

A	B	C
1. Civil	a. ámbito público	1. Hacienda
2. Laboral	b. régimen	2. Empresas
3. Mercantil	c. tributos	3. Personas
4. Administrativo	d. propiedad	4. Estado
5. Financiero	e. puesto de trabajo	5. Administración
6. Político	f. títulos/valores	6. Sociedad

d) *Traduzca a su idioma el cuadro sinóptico de la división del Derecho presentada en esta unidad (2.A.).*

4. Para terminar

a) *Pregunte a sus compañeros el significado de los siguientes letreros:*

LA EMPRESA SE RESERVA
EL DERECHO DE ADMISION

DERECHO DE AUTODETERMINACION
DE LOS PUEBLOS

TENEMOS DERECHO
A LA HUELGA

MANUAL
DE DERECHO AERONAUTICO

DERECHO DE ASILO

b) *Anote sus hipótesis acerca de las reglas que pueda contener el Código Civil en relación con los siguientes derechos:*

1. Personales:...
2. De obligación:..
3. Asociativos:...
4. Reales: ....
5. De familia:...
6. De sucesión: ....

Título de Licenciado en Derecho

Relación de materias troncales (por orden alfabético)	Créditos		
	Teóricos	Prácticos	Total
Primer ciclo:			
Derecho Administrativo. El ordenamiento administrativo. Estructura y régimen básico de las Administraciones públicas. Posición del administrado y su tutela jurisdiccional.	6	1	7
Derecho Civil. El Derecho Privado: Derecho de la persona. Derecho patrimonial. Propiedad y Derechos Reales. Derecho Inmobiliario y Registral. Obligaciones y contratos. Responsabilidad extracontractual.	12	2	14
Derecho Constitucional. La Constitución y el ordenamiento jurídico. Organización constitucional del Estado. Derechos y libertades. El Tribunal Constitucional.	12	2	14
Derecho Internacional Público. La Comunidad internacional y el estatuto jurídico de los sujetos. Creación y aplicación de las normas internacionales. Las competencias. Responsabilidad internacional, arreglo pacífico de controversias y conflictos internacionales.	6	1	7
Derecho Penal. El ordenamiento penal: teoría del delito y de la pena. La responsabilidad criminal. Examen de los distintos delitos.	12	2	14
Derecho Romano. El Derecho en Roma y su recepción en Europa.	5	1	6
Economía Política y Hacienda Pública. Funcionamiento de los Mercados. Política Económica. Teoría Económica de los Ingresos y Gastos Públicos. Economía de la Empresa y Contabilidad. Análisis Económico del Derecho.	5	1	6
Historia del Derecho Español. Estructuras básicas y evolución del Derecho Español.	5	1	6
Instituciones de Derecho Comunitario. El Ordenamiento Comunitario. Relaciones con los Ordenamientos de los Estados miembros. Estructura, órganos y poderes de las Comunidades. Garantía judicial de los derechos.	5	1	6
Introducción al Derecho Procesal. Función jurisdiccional. Organización judicial. El proceso y sus principios rectores.	3	1	4
Teoría del Derecho. El Derecho como forma de organización y como sistema normativo. La Ciencia del Derecho. Teoría del Derecho: la norma jurídica y el sistema jurídico. Interpretación y aplicación del Derecho. Conceptos jurídicos fundamentales. Los problemas del Derecho justo y la eficacia del Derecho.	3	1	4
Segundo ciclo:			
Derecho Administrativo. Consideración de los medios, bienes y actuación de las Administraciones públicas, con especial referencia a los diversos sectores de la intervención administrativa.	6	1	7
Derecho Civil. Derecho de Familia y Sucesiones.	6	1	7
Derecho Eclesiástico del Estado. La tutela de la libertad religiosa en el Derecho español y comparado. Reflejos jurídicos (enseñanza, matrimonio, asistencia religiosa, objeción de conciencia). Régimen jurídico de las relaciones entre el Estado y las Iglesias y confesiones religiosas.	3	1	4

Relación de materias troncales (por orden alfabético)	Créditos		
	Teóricos	Prácticos	Total
Derecho Financiero y Tributario. La financiación pública. Derecho presu- puestario. Derecho tributario. Derecho de los gastos públicos.	12	2	14
Derecho Internacional Privado. Técnicas de reglamentación y normas. Competencia judicial y derecho aplicable a las relaciones privadas internacio- nales. Eficacia extraterritorial de actos y decisiones extranjeras.	6	1	7
Derecho Mercantil. El estatuto del empresario. El empresario individual. De- recho de Sociedades. Títulos valores. Contratación mercantil. Derecho de la competencia. Propiedad industrial. Derecho concursal.	12	2	14
Derecho Procesal. El proceso civil. El arbitraje privado. El proceso penal. Procedimientos especiales.	8	2	10
Derecho del Trabajo y de la Seguridad Social. Las relaciones laborales. El contrato de trabajo. Los convenios colectivos. Derecho sindical. Conflictos co- lectivos. La jurisdicción laboral. Derecho de la Seguridad Social.	6	1	7
Filosofía del Derecho. El fenómeno jurídico. Ontología y axiología jurídicas. Problemas filosóficos básicos del Derecho.	3	1	4
Practicum. Introducción a la práctica integrada del Derecho.			14
Para completar la formación de los estudiantes se recomienda que las univer- sidades valoren la inclusión en sus planes de estudios, como materias obliga- torias u optativas de: a) materias jurídicas complementarias (Derecho Compa- rado, etc.); b) materias del campo de las Ciencias Sociales (Sociología, etc.); c) materias instrumentales (Contabilidad, Informática, etc.).			

1. El título de Licenciado en Derecho fue aprobado por el Real Decreto 1424/1990, de 26 de octubre.
2. Materias troncales son aquellas que han sido establecidas por el Consejo de Universidades con carácter general para que configuren la formación básica de todos los licenciados en Derecho por las universidades españolas.
3. Cada crédito equivale a 10 horas lectivas.

1. *Para leer y comprender*

a) Lea rápidamente el plan de estudios y conteste de memoria:

1. ¿Cuántas materias se estudian en total?
2. ¿Cuántas hay en el primer ciclo y cuántas en el segundo?
3. Escriba el título de las asignaturas que recuerde.
4. ¿Cuántas ha recordado?
5. Indique en el plan de estudios las asignaturas que se denominan igual en su lengua.
6. Proponga la traducción en español de aquellas asignaturas que se estudian en su país y cu- ya denominación no coincide con la del plan de estudios español.

b) Subraye los conceptos o palabras del texto que no reconoce y anote una posible explicación o traducción en su idioma.

c) **Deduzca la diferencia entre:**

— Plan de estudios/Licenciatura.
— Carrera de Derecho/Título de Licenciado en Derecho.
— Materias troncales/materias optativas.
— Materias complementarias/materias instrumentales.
— Créditos teóricos/créditos prácticos.
— Estudios de casos/Practicum.

2. Para hablar

a) **Formulen preguntas a sus compañeros:**

1. Sobre el contenido, materias, semejanzas o diferencias de los planes de estudio de Derecho, en España y en sus países.
2. Sobre las materias y ramas del Derecho que más les gustan, dando razones.

Para dar explicaciones o razones pueden utilizar:

— Por su...   — Supongo que es por...
— Porque...   — Ya que...
— Debido a...   — A causa de...
— Quizás por/porque...   — Puesto que...

b) **En grupo: expresen su opinión sobre los siguientes comentarios de estudiantes de Derecho:**

«En esta carrera prima la memoria sobre los conocimientos.»
«Es la típica carrera de la que siempre se comenta que tienen muchas salidas.»
«El esfuerzo se compensa con el prestigio social que tiene la profesión.»
«La carencia de memoria se puede suplir con la aplicación del sentido común.»
«La carrera por sí sola no sirve. Hay que tener una especialización y hacer un curso de postgrado o un máster.»
«Hay que tener experiencia en el extranjero y dominar dos o tres idiomas.»

3. Para practicar

a) **Complete el texto con el vocabulario siguiente: examen, créditos, duración, licenciatura, titulación, ciclos, nota, facultad, universidad, requeridos, global.**

«La licenciatura de Derecho ha quedado compuesta por dos .... y una .... total entre cuatro y cinco años. La .... se puede obtener cursando los dos ciclos de Derecho o accediendo al segundo ciclo, siempre y cuando se cumplan las exigencias de ...., o después de haber superado el primer ciclo de otros estudios y los complementos de formación ....
La carga lectiva de cada ciclo es de 120 .... (1.200 horas lectivas) y la carga lectiva .... no puede ser inferior a los 300 créditos (3.000 horas).

Las condiciones para matricularse en una .... de Derecho son:

— Haber superado las pruebas de aptitud para ingresar en la .... y haber obtenido la .... mínima de acceso al centro universitario.
— Haber aprobado el .... de acceso a la universidad para mayores de 25 años.
— Haber cursado otros estudios superiores.

b) *Cambie las palabras en cursiva por el correspondiente adjetivo y pronombre posesivo.*

Ejemplo: Mi hermana no acabó los estudios.
No acabó sus estudios.
No acabó los suyos.

1. No puedo estudiar Medicina. *La* nota es muy baja.
2. ¿Cuántas asignaturas tienes en *la* carrera?
3. Todos los hermanos *de ella* son jueces.
4. *Ellos* tienen el *plan de estudios* antiguo.
5. *Los exámenes* que *nosotros* hicimos eran muy fáciles.

c) *Formule las preguntas correspondientes a las siguientes respuestas:*

1. En mi carrera todas las asignaturas son obligatorias.
2. Sólo he suspendido Romano.
3. Hay veinte materias troncales.
4. Civil y Administrativo se estudian en ambos ciclos.
5. La que más me gusta es Penal.

d) *Escriba palabras de la misma raíz:*

— tutela
— patrimonial
— contractual
— penal
— delito

— contabilidad
— garantía
— presupuestario
— concursal
— arbitraje

4. *Para terminar*

a) *Individualmente o en grupos: preparen una exposición oral sobre los estudios de Derecho y el ejercicio profesional en su país:*

— Ingreso en un centro universitario:
  • Nivel de estudios previos.
  • Prueba o sistema de acceso.
  • Requisitos para matricularse.
— Plan de estudios: duración, ciclos, materias, contenidos teóricos y prácticos, etc.
— Especialización.

— Requisitos para acceder a la profesión:
  - Pasantía, prácticas en un despacho.
  - Colegiación profesional.
  - Etc.
— Salidas profesionales:
  - Ejercicio libre de la profesión.
  - Acceso a la carrera judicial.
  - Carrera diplomática.
  - Otras.

b) Escriba una carta solicitando información a uno de los siguientes organismos:

1. Ministerio de Educación, requisitos para homologar su título de Licenciado en Derecho y poder ejercer en España.
2. Colegio de Abogados, requisitos necesarios para poder colegiarse como abogado ejerciente.

	(Sus datos)
Destinatario (1)	Lugar, fecha y año
Saludo:	
Introducción	
Cuerpo o texto de la carta	
Despedida	
Firma	

(1) Ministerio de Educación. S.G. de Títulos, Convalidaciones y Homologaciones; Paseo del Prado, 28; 28014 Madrid.
Ilustre Colegio de Abogados de Madrid; Serrano, 9; 28001 Madrid.

C   EL EJERCICIO PROFESIONAL

DEPARTAMENTO DE ORIENTACION

Alumno: ¿Puedo entrar?
Psicólogo: Hola, Alejandro. Pasa, pasa.
Alumno: Buenas tardes.
Psicólogo: ¿Has visto ya el vídeo sobre la carrera de Derecho?
Alumno: Sí, ya lo he visto y, también he leído el Plan de Estudios y... Creo que me gusta, pero tengo algunas dudas sobre las salidas profesionales.
Psicólogo: Pues, siéntate y pregunta.
Alumno: Bueno..., se trata de la diferencia entre trabajar en la Administración Pública o en la empresa privada.
Psicólogo: O ejercer en un despacho propio. Pero, no te preocupes ahora... Tienes cinco años por delante para elegir. Lo importante es que te gusten las asignaturas y que tengas capacidad. Déjame ver tu ficha... Sí. Aquí está tu perfil: capacidad intelectual alta..., memoria, atención, criterio lógico, analítico..., sentido común e intereses humanísticos, culturales, jurídicos

y políticos. Bien, la versatilidad de los estudios te dará una visión global y generalista de la práctica jurídica y, después, podrás especializarte en aspectos concretos para trabajar en el comercio, la banca o hacer oposiciones a notario, juez, procurador, ingresar en el Cuerpo Diplomático... o ejercer la abogacía en un bufete o en tu propio despacho.

Alumno: De todas formas, ¿tiene alguna información más detallada sobre eso?

Psicólogo: Toma, llévate estos tres libros de orientación profesional sobre la abogacía, la judicatura y la diplomacia y, si te interesa, puedes hacer fotocopia de la ficha del área jurídica de esta Guía de Estudios y Profesiones.

Alumno: Muy bien. Muchas gracias.

- ABOGADO: profesional capacitado para defender en juicio, por escrito o de palabra, los derechos e intereses de las personas físicas y jurídicas (entidades) y, también, para dar dictamen sobre las cuestiones legales que se le consulten. Requisitos: Licenciatura en Derecho.
- ABOGADO LABORALISTA: profesional del Derecho, especializado en asesorar, representar y gestionar toda clase de asuntos relacionados con la administración y jurisdicción socio-laboral que le fueran encomendados por las instituciones públicas, las empresas o los particulares. Requisitos: Licenciatura en Derecho.
- FISCAL: funcionario público que tiene como misión promover la acción de la justicia en defensa de la legalidad, de los derechos de los ciudadanos y del interés público tutelado por la ley. Actúa de oficio o a petición de los interesados velando por la independencia de los tribunales y procurando ante éstos la satisfacción del interés social. Requisitos: Licenciatura en Derecho; superar una oposición y un período de formación y prácticas.
- JUECES Y MAGISTRADOS: la carrera judicial está integrada por jueces y magistrados y se estructura en tres categorías: magistrado del Tribu-

nal Supremo, magistrado y juez. El acceso a la carrera puede realizarse bien mediante la superación de las pruebas selectivas convocadas por el Ministerio de Justicia o bien mediante concurso de méritos.
Los jueces presiden los procedimientos judiciales, pronuncian sentencias, informan a los miembros del jurado sobre la ley y analizan las pruebas presentadas. A los magistrados corresponde, en cada pleito o causa, todo lo relativo a la tramitación, interrogatorios, prueba, recursos e incidentes.
- NOTARIO: funcionario autorizado por la ley para dar fe pública de los contratos, testamentos y otros actos extrajudiciales. Los notarios son a la vez profesionales del Derecho y funcionarios públicos, correspondiendo a este doble cargo la organización del notariado. Requisitos: Licenciatura en Derecho y superar una oposición.
- PROCURADOR: profesional del derecho que representa a una parte bien ante los órganos de justicia, bien en negocios civiles, para ejecutar actos en nombre de su representado. La representación se la otorga el interesado mediante un poder. Requisitos: Licenciatura en Derecho y superar una oposición.

1. Para leer y comprender

a) Tome notas para contestar.

1. Cualidades personales mencionadas.
2. Salidas profesionales de la carrera de Derecho.
3. Funciones de los jueces, magistrados y procuradores.

b) Señale si es verdadero (V) o falso (F):

1. La abogacía es una profesión liberal.
2. La especialidad del abogado laboralista es el Derecho del Trabajo.
3. No todos los fiscales son funcionarios públicos.
4. Los notarios son consejeros legales.
5. En los juicios, los magistrados presentan las pruebas.
6. Los procuradores analizan las pruebas en los juicios.

c) **Busque en el texto los términos correspondientes a las explicaciones siguientes:**

1. Opinión escrita y motivada que da un jurisconsulto a un abogado sobre una cuestión de Derecho o procedimiento.
2. Organo del Estado responsable del orden jurídico.
3. Procedimiento selectivo de los aspirantes a un puesto de funcionario público.
4. Funcionario que representa y ejerce el ministerio fiscal en los tribunales.
5. Pretensión que se debate y examina en los tribunales.
6. Serie de pasos para la resolución de un asunto.
7. Funcionario autorizado por la ley para dar fe pública de los contratos oficiales.
8. Asegurar que es cierta una cosa.
9. Documento de declaración de voluntad por la que una persona ordena el destino de sus intereses para después de su fallecimiento.
10. Facultad que una persona da a otra para que la represente.

2. *Para hablar*

a) **En grupos: reflexionen sobre el cuadro resumen de la carrera de derecho y comenten sus opiniones.**

Pueden utilizar:	
A mi juicio	Yo creo que...
A mi entender	Supongo que...
Según...	Opino que...
Mi punto de vista	Personalmente...
Me parece que...	Tal vez...

b) **Por parejas: lean el anuncio y preparen la conversación telefónica para solicitar información sobre el curso (programa, horarios, precio de matrícula, etc). También la pueden grabar.**

Recuerden:

Institución académica
1. Identificarse
4. Dar información
6. Ampliar información
8. Despedirse

Alumno
2. Saludar
3. Indicar objeto de la llamada/solicitar información
5. Pedir detalles
7. Dar las gracias y despedirse

CENTRO DE FORMACION DE ABOGADOS DE MADRID

GRUPOS REDUCIDOS MAXIMO 20 ALUMNOS

SEMINARIO SOBRE TECNICAS DE PROMOCION DEL DESPACHO PROFESIONAL Y SUS LIMITES

* Introducción a las actividades de prestación de servicios
* Tratamiento del cliente
* Obtención y tratamiento de bases de datos
* Imagen corporativa
* Técnicas de promoción
* Publicidad del profesional y del Despacho: sin límites deontológicos

• REALIZACION: **Mensualmente (viernes)**
• DURACION: **8 horas**
• HORARIO: **9.30-14.30 / 16.30-19.30**
• PRECIO: **100 euros.**

a) Conteste por escrito, utilizando los pronombres, según el ejemplo:

Ejemplo: *¿Le han leído ya el informe?*
— *Sí. Ya se lo han leído.*
— *No. No se lo han leído todavía.*

1. ¿Has llamado ya al notario?
2. ¿Ha enviado ya el fax?
3. ¿Han recogido ya el dictamen?
4. ¿Os habéis matriculado ya?
5. ¿Han firmado ustedes ya el acta?

b) Exprese la orden contraria.

1. Dígale su nombre.
2. No se levante, por favor.
3. No se sienten todavía.
4. Llámeme mañana.
5. Consulte la jurisprudencia.

c) Reflexione y anote las diferencias de significado:

Notario	Notariado	Notaría
Magistrado	Magistratura	Tribunal
Diplomático	Diplomacia	Embajada
Abogado	Abogacía	Despacho/bufete
Juez	Judicatura	Tribunal
Procurador	Procuraduría	Tribunal
Fiscal	Fiscalía	Tribunal

d) Lea detenidamente el perfil del estudiante y el del profesional del Derecho y escriba un resumen, aportando sus puntos de vista (250/300 palabras).

PERFIL DEL PROFESIONAL

Es difícil definir un único perfil por la gran amplitud de campos de trabajo en la que el licenciado en Derecho desarrolla su labor profesional. Pero puede servir como orientación:

- Capacidad de relación
- Fluidez y comprensión verbal
- Intuición
- Enfoque rápido de los problemas
- Capacidad de improvisación
- Ecuanimidad
- Espíritu lógico

PERFIL DEL ESTUDIANTE

- Memoria
- Atención
- Criterio lógico y cerebro analítico
- Sentido común
- Intereses humanísticos, sociales, culturales, jurídicos y políticos
- Análisis crítico
- Capacidad intelectual alta

a) Lea atentamente las ofertas de empleo y resuma:

GRUPO CONSTRUCTOR-INMOBILIARIO-PROMOTOR

Solicita

Abogado

Se requiere:
- Experiencia acreditada mínima de 5 años en Empresa Constructora-Inmobiliaria-Promotora.
- Responsabilidades contrastadas en especialidades mercantiles, civiles y administrativas.
- Imprescindible capacidad de gestión con todo tipo de Organismos Oficiales.
- Necesaria autonomía para desplazamientos.

Se ofrece:
- Trabajo en Oficinas Centrales de Madrid.
- Remuneración de acuerdo con los conocimientos y valía demostrada.
- Trabajo en equipo dentro del Departamento Jurídico del Grupo.
- Absoluta reserva a colocados.

Se ruega a los interesados envíen historial profesional al Apartado de Correos Nº 61236 de Madrid

---

ENTIDAD DEL SECTOR FINANCIERO SELECCIONA PARA SUS OFICINAS EN MADRID

ABOGADOS

Se requiere:
- Licenciatura en Derecho.
- 3 años de ejercicio profesional.
- Buen nivel de inglés hablado y escrito.

Se valorará:
- Experiencia en el ejercicio profesional en las administraciones públicas.
- Experiencia en actuaciones contenciosas.

Se ofrece:
- Retribución según cualificación y experiencia.
- Incorporación inmediata.

Enviar Curriculum Vitae y fotografía reciente al Apartado de Correos número 14.468 28080 Madrid.

SE PRECISAN

DOS ABOGADOS

- Prestarán sus servicios profesionales en exclusiva a Grupo de Empresas de Comunicación.
- Desarrollarán la actividad en las oficinas de la Empresa en Madrid.
- Se requiere, en ambos casos, *excelentes conocimientos* de Derecho CIVIL, MERCANTIL, PROCESAL Y ADMINISTRATIVO.
- Uno de los Abogados deberá acreditar experiencia de cinco años en el ejercicio de la profesión en las citadas materias.
- Honorarios a convenir.

Para participar en el proceso de selección, escriban al Apartado de Correos nº 10472 28080 MADRID

Mercedes-Benz
Credit

Precisa incorporar al departamento de Asesoría Jurídica en Madrid.

LICENCIADO EN DERECHO

Se requiere:
- Tres años de experiencia en departamentos de Asesoría Jurídica, Impagados o de Recuperaciones en empresas financieras o Bancos.
- Buenos conocimientos de Informática a nivel de usuario.
- Capacidad de organización, iniciativa y espíritu colaborador.

Se ofrece:
- Incorporación a un equipo de trabajo profesional, joven y dinámico.
- Remuneración competitiva acorde al nivel de conocimientos y profesionalidad del Candidato.
- Importantes Beneficios Sociales.

Los interesados deberán enviar su historial profesional a Mercedes-Benz Credit, S.A., Dpto. de Personal, Paseo de las Doce Estrellas 4, 28042 MADRID.

En el anuncio	1	2	3	4
Tipo de empresa				
Se precisa..				
Se ofrece				
Funciones..				
Formación requerida............................				
Condiciones de trabajo				

b) **Por parejas:** *cada alumno selecciona uno de los anuncios y explica las razones de su elección (características del puesto, formación profesional adecuada, cualidades personales, ambiciones, etc.).*

c) **Redacte su currículum vitae, cronológico o funcional.**

I.   Datos personales:

II.   Estudios realizados:

III. Experiencia laboral:

IV. Lenguas extranjeras (niveles):

V.   Otros datos de interés:

d) **Redacte una carta de presentación, solicitando uno de los puestos de trabajo.**

e) **En grupos:** *lean el texto y comenten con sus compañeros acerca de los elementos comunicadores del lenguaje no verbal y su importancia en el transcurso de una entrevista de trabajo y en la vida laboral.*

- **La mirada:** el contacto ocular implica el inicio de una posible interacción. Indica atención y sirve para regular los turnos de palabra. Calcule que el 75% del tiempo que dure la entrevista debería mirar directamente al entrevistador.
- **La expresión facial:** indica el estado de ánimo, los sentimientos y las actitudes. Procure que la expresión facial concuerde con el mensaje.
- **La sonrisa:** es una invitación a la apertura de los canales de comunicación. Conviene que sonría alguna vez pero sin excederse.
- **La postura corporal:** debe evitar posturas de abatimiento. Procure mantener la cabeza alta y los hombros hacia atrás para dar impresión de energía y vitalidad. Según vaya transcurriendo el tiempo, puede inclinar el cuerpo hacia adelante, ya que es un signo de acercamiento y de actitud positiva.
- **Las manos:** los movimientos de las manos sirven para ilustrar ideas, objetos o acciones que son difíciles de verbalizar. Pero tenga cuidado porque también apoyan o contradicen el mensaje. El tocarse el pelo, la nariz o la corbata constantemente da sensación de inseguridad.
- **La distancia:** el grado de proximidad denota la naturaleza de la interacción. Procure mantener una postura cercana pero sin invadir el espacio del entrevistador.

f) **Preparen la entrevista de trabajo, de acuerdo con el puesto que hayan solicitado en los ejercicios 4. b. y c. Por parejas:** *uno de los alumnos es el entrevistador y el otro es el candidato al puesto.*

3

La Constitución
y el poder judicial

A   EL ESTADO DE DERECHO Y LA CONSTITUCIÓN

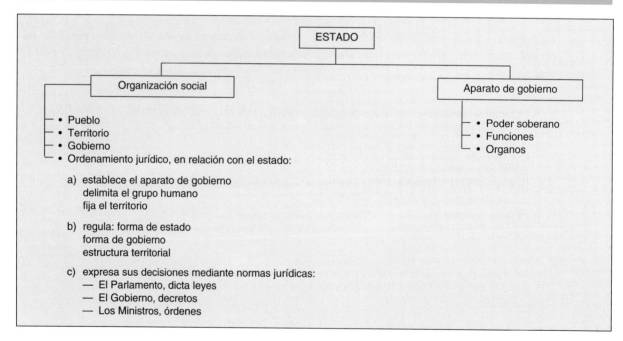

ESTADO

Organización social

Aparato de gobierno

- Pueblo
- Territorio
- Gobierno
- Ordenamiento jurídico, en relación con el estado:

    a) establece el aparato de gobierno
        delimita el grupo humano
        fija el territorio

    b) regula: forma de estado
        forma de gobierno
        estructura territorial

    c) expresa sus decisiones mediante normas jurídicas:
        — El Parlamento, dicta leyes
        — El Gobierno, decretos
        — Los Ministros, órdenes

- Poder soberano
- Funciones
- Organos

Conceptos básicos

a) Constitución: ley fundamental de la organización de un Estado. A ella deben someterse los actos del propio Estado y tendrán que supeditarse todas las demás normas jurídicas positivas. Los objetivos de la constitución son: limitar el poder absoluto; legitimar el poder y asignar a los ciudadanos una cuota legítima de participación en el proceso del poder público.

b) Estado: entidad estable y permanente de carácter soberano, asentada sobre un territorio delimitado y habitado por una determinada población, y dotada de un poder político-jurídico institucionalizado.

c) Estado de derecho: estado en el que los poderes públicos están efectivamente sometidos al imperio de la ley mediante el control jurisdiccional.

d) Ordenamiento jurídico: conjunto sistemático y ordenado de normas que constituye, regula y expresa al Estado.

e) Separación de poderes: significa las tres funciones que realiza el estado: **legislativa** (hacer las leyes), desempeñada por el Parlamento; **ejecutiva** (ejecutar las leyes y señalar las directrices políticas), desempeñada por el Gobierno y la Administración; **judicial** (juzgar las transgresiones a las leyes), desempeñada por los Tribunales de Justicia.

f) Soberanía: característica de determinados poderes, por la cual éstos no están sujetos a ningún otro poder superior y se constituyen en la más alta autoridad.

1. Para leer y comprender

a) Reflexione y anote sus propias conclusiones sobre:

1. Los presupuestos necesarios para la existencia del Estado.
2. La constitución como límite del poder estatal y como garante de las libertades.
3. Los aspectos del ordenamiento jurídico estatal, en cuanto a constituir, regular y expresar al Estado.
4. Funciones del aparato estatal.

b) Busque en el texto los conceptos correspondientes a los siguientes enunciados:

1. Se caracteriza por el imperio de la ley, presidido por la constitución.
2. Es la ley de leyes.
3. Jurídicamente independiente respecto a los poderes exteriores y jurídicamente supremo respecto a los poderes existentes en el interior de sus fronteras.
4. Grupo social jurídicamente organizado formado por una comunidad estable de personas, asentadas en un territorio, y dotada de un poder soberano.
5. Reconoce las libertades individuales, la separación de poderes y el principio de soberanía popular.

c) Traduzca a su idioma los conceptos básicos.

2. Para hablar

a) Por parejas: formule preguntas a su compañero para comparar sus conclusiones del ejercicio A.1.a.

b) **Después de leer el texto de presentación, indique el orden de las siguientes normas, de acuerdo con su rango y según el principio de jerarquía normativa, así como de quién emanan y el organismo que las dicta:**

— Decreto, Constitución, Orden, Ley
— Ministerio, Pueblo, Gobierno, Parlamento

Normas		Organismos
1.º	——>	
2.º	——>	
3.º	——>	
4.º	——>	

c) **Utilizando el cuadro sinóptico del Estado, prepare una exposición oral sobre uno de los temas siguientes:**

1. Las dos acepciones de estado: organización social y conjunto de órganos que constituyen el aparato de gobierno.
2. El ordenamiento jurídico de su país, especialmente la forma de estado, de gobierno y la forma en que se distribuye el poder del estado a lo largo del territorio.

3. *Para practicar*

a) **Escriba las preguntas correspondientes a las respuestas siguientes:**

1. En España, toma el nombre de Cortes Generales. Es bicameral: Congreso de los Diputados y Senado.
2. Las dos Cámaras son representativas. Sus miembros son elegidos por sufragio universal, libre, directo y secreto.
3. El Rey es el Jefe del Estado.
4. La forma política es la Monarquía parlamentaria.
5. El Estado está organizado territorialmente en municipios, en provincias y en Comunidades Autónomas.

b) **Complete las frases siguientes con la forma correcta del verbo:**

1. Todos tenemos derechos a que .... (establecerse) y .... (respetarse) el orden social.
2. Espero que tú no me .... (discriminar).
3. No .... (interpretar) usted mal ese artículo.
4. Se penalizará a todo el que .... (infringir) la ley.
5. Es necesario que se .... (conocer) los derechos y los deberes.

c) **Después de leer los artículos de la Declaración Universal de Derechos Humanos, anote las consecuencias para los gobiernos y para las personas:**

Recuerde:

Deber	Es preciso que...
Tener que	Es necesario que...
Haber de/que	Es importante que...

Ejemplo: «Art. III. Todo individuo tiene derecho a la vida, a la libertad y a la seguridad de su persona.»

Por tanto, los gobiernos deben dictar leyes que protejan a los ciudadanos y garanticen esos derechos.

1. Art. IV. Nadie estará sometido a esclavitud ni a servidumbre; la esclavitud y la trata de esclavos están prohibidas en todas sus formas.

2. Art. VIII. Toda persona tiene derecho a un recurso efectivo, ante los tribunales nacionales competentes, que la ampare contra actos que violen sus derechos fundamentales reconocidos por la constitución o por la ley.

3. Art. XVII. I. Toda persona tiene derecho a la propiedad, individual y colectivamente.

   II. Nadie será privado arbitrariamente de su propiedad.

4. Art. XXIV. Toda persona tiene derecho al descanso, al disfrute del tiempo libre, a una limitación razonable de la duración del trabajo y a vacaciones periódicas pagadas.

d) Redacte un ensayo sobre el moderno constitucionalismo (Locke, Montesquieu, Rousseau):

— reconocimiento de libertades individuales
— separación de poderes
— principio de la soberanía popular

4. Para terminar

a) Análisis de la Constitución.

I. Estructura	II. Contenido
1. Preámbulo..	Exposición de motivos y objetivos del texto constitucional.
2. Título Preliminar................................. Artículo 1. Artículo 2. Etc.,	Parte dogmática: — enunciado de los rasgos esenciales, de la forma de Estado que se pretende establecer.
3. Título Primero....................................... Capítulo Primero Artículos.	— principios fundamentales de la organización política y económica de la sociedad; derechos, deberes y libertades.
4. Título Segundo.................................... Artículo 56. Título Tercero Capítulo Primero Artículos.	Parte orgánica: — regula la forma de gobierno. Esto es: organización, funciones y relaciones de los órganos de gobierno del Estado.
5. Disposiciones adicionales............................. Disposiciones transitorias Disposiciones derogatorias Disposición final	Capítulos dedicados a la distribución territorial del poder; adaptaciones del texto a las cambiantes condiciones sociales y políticas

1. Utilizando el esquema de análisis de la estructura y contenido de la Constitución, complete las notas siguientes sobre el Preámbulo y Título Preliminar de la Constitución Española:

DON JUAN CARLOS I, REY DE ESPAÑA, A TODOS LOS ESPAÑOLES QUE LA PRESENTE VIEREN Y ENTENDIEREN. SABED: QUE LAS CORTES HAN APROBADO Y EL PUEBLO ESPAÑOL RATIFICADO LA SIGUIENTE CONSTITUCIÓN:

PREÁMBULO

La Nación española, deseando establecer la justicia, la libertad y la seguridad y promover el bien de cuantos la integran, en uso de su soberanía, proclama su voluntad de:

Garantizar la convivencia democrática dentro de la Constitución y de las leyes conforme a un orden económico y social justo.

Consolidar un Estado de Derecho que asegure el imperio de la ley como expresión de la voluntad popular.

Proteger a todos los españoles y pueblos de España en el ejercicio de los derechos humanos, sus culturas y tradiciones, lenguas e instituciones.

Promover el progreso de la cultura y de la economía para asegurar a todos una digna calidad de vida.

Establecer una sociedad democrática avanzada, y

Colaborar en el fortalecimiento de unas relaciones pacíficas y de eficaz cooperación entre todos los pueblos de la Tierra.

En consecuencia, las Cortes aprueban y el pueblo español ratifica la siguiente

CONSTITUCIÓN ESPAÑOLA

TÍTULO PRELIMINAR

Artículo 1.

1. España se constituye en un Estado social y democrático de Derecho, que propugna como valores superiores de su ordenamiento jurídico la libertad, la justicia, la igualdad y el pluralismo político.

2. La soberanía nacional reside en el pueblo español, del que emanan los poderes del Estado.

3. La forma política del Estado español es la Monarquía parlamentaria.

Artículo 2

La Constitución se fundamenta en la indisoluble unidad de la Nación española, patria común e indivisible de todos los españoles, y reconoce y garantiza el derecho a la autonomía de las nacionalidades y regiones que la integran y la solidaridad entre todas ellas.

Artículo 3

1. El castellano es la lengua española oficial del Estado. Todos los españoles tienen el deber de conocerla y el derecho a usarla.

2. Las demás lenguas españolas serán también oficiales en las respectivas Comunidades Autónomas de acuerdo con sus Estatutos.

3. La riqueza de las distintas modalidades lingüísticas de España es un patrimonio cultural que será objeto de especial respeto y protección.

Artículo 4

1. La bandera de España está formada por tres franjas horizontales, roja, amarilla y roja, siendo la amarilla de doble anchura que cada una de las rojas.

2. Los Estatutos podrán reconocer banderas y enseñas propias de las Comunidades Autónomas. Estas se utilizarán junto a la bandera de España en sus edificios públicos y en sus actos oficiales.

Artículo 5

La capital del Estado es la villa de Madrid.

— Motivos y objetivos del texto constitucional.
— Modelo de Estado elegido.
— Principios ideológicos.
— Forma de gobierno.
— Tipo de organización territorial.
— Elementos de organización (idioma, capitalidad, bandera).

2. Analice y compare este texto con la constitución de otros países.

b) ¿Cómo se hace una ley?

Diseñe un diagrama del procedimiento legislativo de su país y compárelo con las fases de elaboración de las leyes, según la Constitución española.

I. *Fase introductoria*
  • Iniciativa legislativa:
  — Gobierno = Proyecto de ley.
  — Congreso/Senado = Proposición de ley.

— Asambleas de las Comunidades Autónomas.
— Iniciativa popular (500.000 firmas).

II. *Fase constitutiva*
  • Tramitación:
  — Recepción por la Mesa del Congreso.
  — Remisión a la Comisión competente.
  — Quince días para enmiendas.
  — Informe de la Ponencia.
  — Dictamen de la Comisión.
  — Remisión al Pleno del Congreso.
  — Discusión y votación.
  — Aprobación y remisión al Senado.
  — Mismo procedimiento:
      * aprobación del Senado = pasa a la fase III.
      ** el Senado puede hacer enmiendas y vetar.
  — En caso de desacuerdo, prevale la voluntad del Congreso.

III. *Fase de entrada en vigor*
  — Aprobación por parte del Rey mediante sanción.
  — Promulgación y orden de publicación.
  — Publicación en el B.O.E. (Boletín Oficial del Estado).

PROYECTOS DE LEY		PROPOSICIONES DE LEY

	Congreso				Senado				Aprobación definitiva por el Congreso
	Entrada en la Cámara	Informe de la Ponencia	Dictamen de la Comisión	Aprobación por el Pleno	Entrada en la Cámara	Informe de la Ponencia	Dictamen de la Comisión	Aprobación por el Pleno	
Actualización de la Ley Orgánica 11/1983, de 25 de agosto, de Reforma Universitaria	9-6-94								
Orgánica sobre regulación de la interrupción voluntaria del embarazo	25-7-95	2-12-95	4-12-95	18-12-95					

B DEL PODER JUDICIAL

El Poder Judicial es uno de los tres poderes fundamentales del Estado. La Constitución española de 1978 le atribuye la función tradicional de juzgar y de hacer ejecutar lo juzgado, así como otras tareas de relevancia constitucional: el control de la potestad reglamentaria y de la legalidad de la actuación administrativa y la tutela o protección de los derechos y libertades públicas fundamentales del individuo.

I. Unidad jurisdiccional	**III.** Garantía de la justicia	**IV.** Colaboración con la justicia
II. Independencia de la justicia	**V.** Publicidad de las actuaciones judiciales	**VI.** Inamovilidad de los Jueces y Magistrados

VII. Indemnización por errores judiciales

TÍTULO VI

a

Del poder judicial

Artículo 117

1. La justicia emana del pueblo y se administra en nombre del Rey por Jueces y Magistrados integrantes del poder judicial, independientes, inamovibles, responsables y sometidos únicamente al imperio de la ley.

b

2. Los Jueces y Magistrados no podrán ser separados, suspendidos, trasladados ni jubilados sino por alguna de las causas y con las garantías previstas en la ley.

3. El ejercicio de la potestad jurisdiccional en todo tipo de procesos, juzgando y haciendo ejecutar lo juzgado, corresponde exclusivamente a los Juzgados y Tribunales determinados por las leyes, según las normas de competencia y procedimiento que las mismas establezcan.

4. Los Juzgados y Tribunales no ejercerán más funciones que las señaladas en el apartado anterior y las que expresamente les sean atribuidas por ley en garantía de cualquier derecho.

5. El principio de unidad jurisdiccional es la base de la organización y funcionamiento de los Tribunales. La ley regulará el ejercicio de la jurisdicción militar en el ámbito estrictamente castrense y en los supuestos de estado de sitio, de acuerdo con los principios de la Constitución.

6. Se prohíben los Tribunales de excepción.

c

Artículo 118

Es obligado cumplir las sentencias y demás resoluciones firmes de los Jueces y Tribunales, así como prestar la colaboración requerida por éstos en el curso del proceso y en la ejecución de lo resuelto.

d

Artículo 119

La justicia será gratuita cuando así lo disponga la ley, y, en todo caso, respecto de quienes acrediten insuficiencia de recursos para litigar.

Artículo 120

1. Las actuaciones judiciales serán públicas, con las excepciones que prevean las leyes de procedimiento.

2. El procedimiento será predominantemente oral, sobre todo en materia criminal.

3. Las sentencias serán siempre motivadas y se pronunciarán en audiencia pública.

Artículo 121

Los daños causados por error judicial, así como los que sean consecuencia del funcionamiento anormal de la Administración de Justicia darán derecho a una indemnización a cargo del Estado, conforme a la ley.

(Constitución Española, 1978)

---

1. *Para leer y comprender*

a) *Lea el texto y tome notas para contestar:*

1. Relacione cada artículo de la Constitución española con el correspondiente encabezamiento.
2. Indique las funciones del Poder Judicial.

b) **Relacione los términos con la explicación correspondiente:**

1.	Ley Orgánica	a)	compensación por daños y perjuicios.
		b)	imposibilidad legal de ejercer dos o más cargos a la vez.
2.	Jurado	c)	relacionado con el juez y la justicia.
		d)	cuando resulte gravemente alterado el libre ejercicio de los
3.	Estado de excepción		derechos y libertades de los ciudadanos o el normal funcio-
			namiento de las instituciones democráticas, el Gobierno lo
4.	Constitución		puede decretar previa autorización del Congreso de los Di-
			putados.
5.	Indemnización	e)	funcionario judicial que defiende el interés público del Esta-
			do en los pleitos, acusando a los reos.
6.	Judicial	f)	ley fundamental de un Estado, que fija y establece los dere-
			chos y los deberes de los ciudadanos y sus gobernantes.
7.	Incompatibilidad	g)	grupo de ciudadanos que participa en un juicio, dando su
			opinión sobre la culpabilidad o inocencia del inculpado.
8.	Fiscal	h)	las relativas al desarrollo de los derechos fundamentales.

c) **Su turno: redacte la explicación de las expresiones siguientes:**

— jurisdicción — potestad jurisdiccional
— competencia — procedimiento
— sentencia — imperio de la ley
— litigar — proceso
— pleito — reo

2. *Para hablar*

a) ***Por parejas: comparen sus definiciones del ejercicio B.1.c y comenten las diferencias.***

b) ***En grupo: elijan uno de los artículos de la Constitución y pidan a un compañero que se lo explique.***

c) ***Complete el texto con los acentos, puntuación y mayúsculas y léalo en voz alta:***

«el poder judicial regulado en el titulo vi de la constitucion española desarrollado por la ley organica 6/1958 de 1 de julio del poder judicial ejerce en exclusiva la potestad jurisdiccional en todo tipo de procesos juzgando y haciendo ejecutar lo juzgado
de acuerdo con el texto constitucional y con la ley organica citada la justicia emana del pueblo y se administra en nombre del rey por los jueces y magistrados integrantes del poder judicial los cuales son independientes inamovibles responsables y sometidos unicamente a la constitucion y al imperio de la ley».

3. Para practicar

a) Complete las frases con el subjuntivo de los verbos:
litigar, establecer, ser, formar, determinar, corresponder.

1. La Constitución se opone a la existencia de Tribunales especiales que no .... parte de la jerarquía del poder judicial.
2. El recurso de amparo hace que .... al Tribunal Constitucional la tutela y protección de los derechos y libertades.
3. Mediante la institución del Jurado, los ciudadanos podrán participar en los procesos penales que la ley ....
4. El ejercicio de la potestad judicial se rige por las normas, competencia y procedimiento que las leyes ....
5. Se tendrá derecho a indemnización por los errores judiciales que .... consecuencia del mal funcionamiento de la Administración de Justicia.
6. Nos aconsejaron que ....

b) Reformule de otra manera las expresiones en cursiva:

1. *De acuerdo con* los principios de la Constitución.
2. *Conforme a* la ley, tendrá derecho a una indemnización a cargo del Estado.
3. *Según* las normas de competencia que se establezcan.
4. Las actuaciones judiciales serán publicadas, *con las excepciones* que prevea la ley.
5. *Salvo* lo dispuesto en materia de garantía constitucional.
6. El procedimiento será oral, *sobre todo* en materia criminal.

c) Con ayuda de un diccionario monolingüe, anote todas las palabras, así como las expresiones, que pueda formar con la misma raíz:

— justicia	— inamovible
— competencia	— atribuir
— requerir	— litigar
— motivada	— garantía
— ley	— imperio

d) Escriba los números siguientes:

— primera	— Alfonso (trece)
— nonagésimo	— capítulo (sexto)
— cuadragésimo quinto	— siglo (veintiuno)
— vigésimo segunda	— Título (décimo)
— centésima	— (veinticinco) Congreso

e) Complete el texto con las preposiciones adecuadas, haciendo los cambios necesarios:

«La aplicación .... el derecho .... el caso concreto, con el fin .... administrar justicia, es, ... la vez una prerrogativa y un deber .... el Estado, y puesto que el Estado .... derecho que propugna la Constitución española .... 1978 implica la separación .... los poderes .... el mismo, se requiere la existencia .... unos órganos que, caracterizados .... su independencia, apliquen imparcialmente las leyes, sometan .... todos los poderes públicos .... su cumplimiento, controlen la legalidad .... la actuación administrativa y ofrezcan .... todas las personas tutela efectiva .... el ejercicio .... sus derechos y cumplimiento .... sus deberes legítimos.»

4. Para terminar

a) **En grupos: consulten bibliografía profesional o un diccionario técnico y anoten el equivalente en la legislación de su país de las siguientes leyes:**

— constitucional   — orgánica   — ordinaria
— marco   — de bases   — decreto-ley
— decreto legislativo   — orden   — resolución
— proyecto de ley   — proposición de ley

b) **Individualmente o por parejas: diseñen un cuadro sinóptico para representar la Organización Judicial de su país (juzgados, tribunales y órganos).**

C   ORGANIZACIÓN JUDICIAL ESPAÑOLA

El Estado se organiza territorialmente, a efectos judiciales, en municipios, partidos judiciales (integrados por uno o más municipios limítrofes de la misma provincia), provincias y Comunidades Autónomas, y dentro de estos diversos ámbitos ejercen su jurisdicción órganos unipersonales —denominados Juzgados— y órganos colegiados —compuestos de varios Magistrados— denominados Audiencias y Tribunales.

Los principios que rigen el ejercicio de la función jurisdiccional son la independencia de los jueces y magistrados y la unidad de jurisdicciones.

La función jurisdiccional se ejerce a través de un **proceso** formado por un conjunto de actos (desde la demanda o acusación hasta la sentencia). Se pueden distintguir cuatro tipos de procesos: civil, penal, contencioso-administrativo y laboral. Con carácter especial, se pueden añadir el militar y el constitucional.

ORGANOS UNIPERSONALES:
Juzgados de Paz; de Primera Instancia e Instrucción; de lo Penal; de lo Social; de lo Contencioso Administrativo; de Menores; de Vigilancia Penitenciaria.
ORGANOS COLEGIADOS:
• **Audiencias Provinciales:** tienen su sede en la capital de provincia de la que toman su nombre y extienden su ju-

risdicción a toda ella; conocen en materia penal en primera instancia y, en materia civil, de los recursos contra resoluciones dictadas en primera instancia. Están integradas por un Presidente y dos o más Magistrados.
• **Tribunales Superiores de Justicia:** Existen 17, tantos como Comunidades Autónomas. Constan de una Sala de lo Civil y Penal, una de lo Contencioso-Administrativo y otra

de lo Social, centrándose en los procesos relativos al derecho propio de la Comunidad Autónoma, a los actos y disposiciones emanados de ella, y a la responsabilidad civil de sus altos cargos.

• **Audiencia Nacional:** su jurisdicción se extiende a todo el territorio nacional; está compuesta por tres Salas (Penal, Contencioso-Administrativo y Social).

• **Tribunal Supremo:** con sede en Madrid, es el órgano jurisdiccional superior; tiene jurisdicción en toda España y conoce en materia civil, penal, contencioso-administrativo y social.

OTROS ÓRGANOS E INSTITUCIONES:
— Tribunal Constitucional
— Consejo General del Poder Judicial
— Ministerio de Justicia
— Ministerio Fiscal: es el órgano que ejerce la acusación penal. Tiene como misión promover la acción de la justicia en defensa de la legalidad, de los derechos de los ciudadanos (de oficio o a petición de los interesados). Está dirigido por el Fiscal General del Estado, nombrado por el Rey a propuesta del Gobierno.

1. Para leer y comprender

a) Subraye todas las expresiones que indiquen:

— organización territorial y funcional
— clasificaciones administrativas
— composición
— jurisdicción y competencia

b) Anote el órgano unipersonal con competencia en:

1. la generalidad de los procesos civiles y resolución de recursos; en el orden penal, instruyen las causas por delitos que corresponden a las Audiencias y Juzgados de lo Penal, conociendo y fallando en juicios de faltas.
2. conocimiento, en primera o única instancia, de los recursos contencioso-administrativos.
3. conocimiento y fallo en primera instancia de procesos de pequeña cuantía; fallo de juicios por infracciones menores (faltas); tareas de Registro Civil.
4. la vigilancia del cumplimiento de las penas de prisión, adopción de medidas de seguridad, control de las facultades disciplinarias de las autoridades penitenciarias y tutela de los derechos de los internos en los establecimientos penitenciarios.
5. conocimiento y fallo de las causas por delitos castigados con penas de prisión de duración no superior a seis años y con otras penas menos graves.

2. Para hablar

a) En grupos: formulen preguntas a sus compañeros sobre la organización judicial española, utilizando: qué, cuál, cuáles, cómo, dónde, etc.

b) Preparen una exposición oral sobre el sistema judicial de su país, de acuerdo con el cuadro sinóptico que han hecho en el ejercicio B.4.b. de esta unidad.

3. Para practicar

a) Redacte un texto a partir de las notas siguientes sobre el Tribunal Constitucional:

Supremo intérprete de la Constitución; órgano colegiado; fuera de la justicia ordinaria; jurisdicción constitucional, de acuerdo con Constitución; funciones: conocer de los recursos y cuestiones de inconstitucionalidad contra leyes, disposiciones normativas o actos con fuerza de ley; recurso de amparo; cuestiones competenciales entre el Estado y las Comunidades Autónomas; declaración de constitucionalidad tratados internacionales; 12 Magistrados nombrados por el Rey (4 a propuesta Congreso, 4 a propuesta Senado, 2 Gobierno y 2 Consejo General del Poder Judicial); dos Salas; actúa en Pleno o en Sala.

b) **Responda a las preguntas sobre el Tribunal Constitucional:**

1. ¿Qué quiere decir que es un órgano colegiado?
2. Explique con sus propias palabras las funciones de este Tribunal.
3. ¿Podría poner un ejemplo de acto con fuerza de ley?
4. ¿Qué es el recurso de amparo?
5. ¿Quién hace el nombramiento y quiénes las propuestas?
6. Explique la diferencia entre actuar en Pleno y en Sala.

c) **Su turno. después de leer el texto sobre el Consejo General del Poder Judicial, formule preguntas por escrito:**

1. ¿Quién/quiénes?
2. ¿Qué?
3. ¿Cómo?
4. ¿Cuántos?
5. ¿Cuánto tiempo?
6. ¿Cuáles?

«El Consejo del Poder Judicial es el órgano de gobierno del poder judicial y ejerce sus competencias en todo el territorio nacional. Entre sus funciones podemos señalar: proponer para el nombramiento del Presidente del Tribunal Supremo y del Consejo General del Poder Judicial, así como para los miembros del Tribunal Constitucional, la inspección de Juzgados y Tribunales, la formación, perfeccionamiento, provisión de destinos y régimen disciplinario de Jueces y Magistrados, nombramiento de Jueces. Está compuesto por el Presidente del Tribunal Supremo y 20 vocales elegidos por las Cortes Generales (Parlamento) y nombrados por el Rey por un período de cinco años. Funciona en Pleno y en Comisiones (Permanente, Disciplinaria y de Calificación).

d) **Consulte un manual profesional y redacte una breve nota sobre el Defensor del Pueblo (Ombudsman).**

4. Para terminar

a) **Debate: necesidad de imparcialidad e independencia de los jueces respecto de los poderes sociales y, sobre todo, de los demás poderes del Estado.**

b) **Después de volver a leer el texto de la Organización Judicial Española, sitúe en el mapa de España:**

— Tribunal Constitucional
— Tribunal Supremo
— Audiencia Nacional
— Tribunales Superiores de Justicia
— Audiencias provinciales

4

Derecho procesal

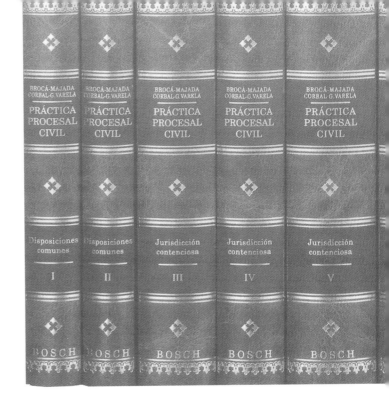

A   PROCESO Y PROCEDIMIENTO

Por una parte, el Derecho Procesal es una rama del Derecho Público que se subdivide en dos grandes categorías: Procesal Civil (conflictos en las actividades de orden privado, de carácter civil o mercantil) y Procesal Penal (conflictos surgidos por infracciones de la ley penal), con especialidades en procesal laboral —el primero— y militar —el segundo—, además de constitucional, administrativo y canónico.

Por otra parte, se trata del conjunto de normas que regulan el proceso a través del cual el Estado, ejercitando la función jurisdiccional, asegura, declara y realiza el derecho.

El *proceso* es una institución de la función jurisdiccional del Estado para defender el orden jurídico-social, otorgando a los individuos que elevan una *pretensión* a los tribunales la oportunidad de satisfacerla, mediante la puesta en práctica de una serie de actos orientados a la obtención de un título declarativo o ejecutivo del derecho alegado (proceso civil), o a la declaración de culpabilidad y la correspondiente sanción (proceso penal). El sujeto del proceso es el que formula la pretensión (*actor o demandante*), que materializa su petición en un escrito llamado *demanda*. En posición contraria se encuentra el sujeto pasivo (*demandado o acusado*). El objeto del proceso es la pretensión que se trata de satisfacer.

La realización del proceso supone una serie de actividades y principios encadenados que constituyen el *procedimiento*.

Los principios que informan el procedimiento procesal civil pueden reducirse a dos:

— *Principio de justicia rogada*, por el que la actividad del órgano jurisdiccional y la marcha del proceso dependen de la decisión de la parte, mientras que en el procedimiento penal los trámites son *de oficio*.

— *Principio de disposición de las partes*, por el que éstas deben aportar los materiales que han de entrar en el proceso, los hechos probatorios y la petición de recibimiento a prueba. El trabajo del juez se limita a la dirección procesal (apelación y calificación de los hechos y aplicación de la norma jurídica adecuada).

Las principales fuentes legales del Derecho Procesal son: **Ley de Enjuiciamiento Civil, Ley de Enjuiciamiento Criminal, Ley de Jurisdicción Contencioso-Administrativa, Ley Orgánica del Poder Judicial.** Asimismo, contienen normas de procedimiento los **Códigos Civil, Penal y de Comercio.**

1. Para leer y comprender

a) Escriba el significado en este contexto de las palabras en cursiva.

b) Anote todas las expresiones que indiquen:

- definición
- clasificación
- finalidad

- instrumento o medio
- principios
- diferencias

c) ¿A qué hacen referencia los siguientes enunciados?

1. «Conjunto de actos realizados para otorgar satisfacción jurídica.»
2. «Se trata del orden de tramitación.»
3. «Es la ciencia jurídica que atiende al estudio del proceso.»
4. «El mecanismo del proceso no entra en acción más que por voluntad de una persona ajena a los órganos de justicia.»
5. «El juez en el acto de dar una sentencia, lo hace siempre en nombre del Estado.»
6. «Actividad que garantiza la aplicación del derecho, tanto en el ámbito público como en el privado.»

2. Para hablar

a) Responda oralmente a las preguntas siguientes:

1. ¿Qué se entiende por Derecho Procesal?
2. Mencione las divisiones y especialidades del Derecho Procesal.
3. ¿Cuál es la diferencia entre proceso y procedimiento?
4. ¿Qué es la función jurisdiccional?
5. ¿Qué conflictos se instruyen, tramitan y fallan en la jurisdicción militar, penal y contencioso-administrativa?
6. ¿Cuáles son las fuentes legales del Derecho Procesal español?

b) *En grupos: desarrollen oralmente y expresen sus puntos de vista sobre los principios jurídicos del Derecho Procesal español, comparándolos con los que rigen en su país:*

- Libre acceso de los particulares a los tribunales de justicia.
- Prohibición de que nadie sea condenado sin la posibilidad de ser oído.
- Igualdad de las partes.
- Integración de la materia procesal, es decir, atribución a los tribunales de todas las materias jurídicas, salvo limitación expresa de la ley.
- Imposición de la veracidad y la buena fe en los actos procesales.

3. *Para practicar*

a) *Redacte una frase con cada una de las palabras siguientes, utilizando distintas acepciones:*

1. Proceder: tener su origen; actuar; iniciar una acción; ser conforme a derecho; presentar una demanda.
2. Procedimiento: método; actuación por trámites judiciales; encadenamiento lógico de actos en un proceso.
3. Procesar: formar autos o instruir procesos; declarar a una persona como presunto culpable de delito; someter a tratamiento o transformación.
4. Proceso: desarrollo de fases sucesivas; método para llegar a un fin; transcurso de un determinado tiempo; progreso, acción de ir adelante.

b) *Complete las siguientes declaraciones con la preposición conveniente: por, para, de, en, con.*

1. Los Estados Unidos coinciden .... Inglaterra .... lo tocante al Derecho Privado.
2. Es un conflicto surgido .... infracción .... el Código Penal.
3. Los ciudadanos recurren al Estado .... que éste declare un derecho.
4. Es anacrónico situar esta rama del Derecho .... el ámbito .... el Derecho Privado.
5. .... iniciar un proceso hay que poner una demanda.

c) *Indique los valores de las palabras en cursiva.*

1. *Ya* se trate de jurisdicción contenciosa (conflicto de intereses entre autor y reo) *ya* se trate de jurisdicción voluntaria (destinada a homologar las decisiones por las partes).
2. *Tanto* por los motivos ya aducidos, *como* por un hecho no menos relevante.
3. *Desde la perspectiva jurídica* del proceso, el procedimiento constituye su exteriorización, su forma extrínseca.
4. El procedimiento se inicia *bien* de oficio *bien* a instancia de persona interesada.

d) *Formule de otra manera las siguientes expresiones legales:*

1. Instruir procesos; formar autos.
2. Fulminar el proceso.

3. Vestir el proceso.

4. Litis.

5. El Tribunal debe declarar la nulidad de actuación.

e) *Complete las frases:*

	acusado	
Se denomina	acusación	en el caso de
Se llama	demanda	cuando
Se pone una	demandante	si se trata de
	querella	si
	denuncia	

4. Para terminar

a) *Prácticas de Procedimiento Administrativo. Todo procedimiento se caracteriza por seguir un encadenamiento lógico de actos que se pueden agrupar en unidades superiores: fases o instancias.*

1. Lea las cuatro fases y actos del Procedimiento Administrativo e indique el orden lógico de actuación, así como una breve explicación de cada acto.

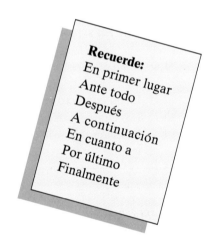

A) Instrucción:
  a) informes
  b) información
  c) prueba
  d) audiencia del interesado

B) Terminación

C) Iniciación: de oficio o a instancia de parte

D) Ordenación:
  a) tramitación
  b) escrito de queja
  c) comunicaciones y notificaciones

Recuerde:
En primer lugar
Ante todo
Después
A continuación
En cuanto a
Por último
Finalmente

2. A continuación, uno de los alumnos expone y defiende oralmente el orden que ha establecido. Los demás alumnos pueden hacerle preguntas sobre el significado y trámites de cada una de las fases y actos del procedimiento.

b) *Por parejas: estudien la lista de publicaciones y traten de explicar el contenido y utilización de cada una.*

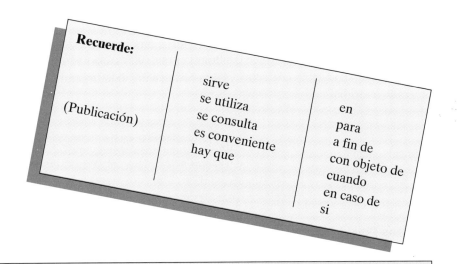

Recuerde:

| (Publicación) | sirve
se utiliza
se consulta
es conveniente
hay que | en
para
a fin de
con objeto de
cuando
en caso de
si |

PUBLICACIONES

LEGISLACIÓN

— Constitución Española.
— Código Civil.
— Código Penal.
— Código de Comercio.
— Ley de Enjuiciamiento Civil.
— Ley de Enjuiciamiento Criminal.
— Ley Orgánica del Poder Judicial.
— Reglamentos del Consejo General del Poder Judicial.
— Ley del Jurado.
— Ley de Arrendamientos Urbanos.
— Ley del Registro Civil y Reglamento.
— Legislación Laboral y Seguridad Social (vol. I a VI).

— Legislación Hipotecaria (vol. I y II).
— Legislación Penitenciaria.
— Legislación sobre Caza.
— Legislación de Extranjería.
— Legislación sobre Tráfico, Circulación y Seguridad Vial.
— Personal colaborador de la Administración de Justicia (Reglamentos).
— Asistencia Jurídica Gratuita.
— Contratación Administrativa (vol. I).

BIBLIOTECA
Decanato de los Juzgados
Plaza de Castilla, 1, 1.ª Planta
Madrid 28046

B | ACTOS PROCESALES

 Actos propios
• **del Juez**
• **del Secretario**
• **del Agente Judicial**

 — **Demanda:** petición o solicitud de resolución de una cuestión planteada.
— **Declaración:** reconocimiento de hechos, allanamiento, desestimiento.
— **Pruebas** aportadas en apoyo de una afirmación.

 — **Comunicación**
(entre órgano judicial y las partes).
— **Documentación** o constatación del proceso como depositario de la fe pública judicial.
— **De impulso procesal,** dando cuenta al Juzgado o Tribunal.

 — **De comunicación**
— **De ejecución**
(embargos y desahucios)

El Juzgado o Tribunal para transmitir o comunicar una resolución judicial a las personas, lo hace directamente mediante **notificaciones, citaciones, emplazamientos o requerimientos.** Sin embargo, para dirigirse a otro Juzgado o Tribunal,

51

en materia civil, utiliza el servicio de auxilio o de ayuda que pueden prestarle otros organismos, mediante el **suplicatorio** (dirigido a un organismo judicial superior y redactado con extremado respeto), **exhorto** (petición a un organismo de igual grado y redactado con estilo correcto) y **carta-orden** (mandato imperativo a un órgano de grado inferior).

— **Resoluciones** (Función decisoria, directora e impulsora del proceso): **providencias, autos y sentencias.**
— **Otros actos:** presencia en las **vistas,** en **diligencias de prueba,** estudio de los asuntos, etc.

Una **Providencia** tiene por objeto la tramitación y ordenación material del proceso. Se formula expresando el tribunal que la emite y el contenido de la misma, sin motivación.

El **Auto** es la resolución por la que se deciden cuestiones distintas del objeto principal y necesario del proceso. Se formula expresando el tribunal que lo dicta, su contenido y motivación. La exposición va en párrafos separados, con los antecedentes de hechos **(resultandos)** y los fundamentos de Derecho **(considerandos).**

Por medio de la **Sentencia** se decide sobre el fondo de la pretensión planteada; actúa o niega la conformidad de la pretensión con la norma jurídica y pone fin al proceso. Se estructura en varias partes:

- Encabezamiento: identificación del juez o tribunal, de las partes, de los abogados, procuradores, objeto del proceso, lugar y fecha de la sentencia.
- Motivación o cuerpo de la sentencia con las fórmulas «Resultando» (resumen de los hechos) y «Considerando» (resumen de los fundamentos o motivos que tiene el juez para decidir cada una de las cuestiones). «Visto» (cita de las leyes o doctrinas aplicables).
- Fallo (parte dispositiva de la sentencia o decisión concreta).

1. Para leer y comprender

a) Relacione cada grupo de actos con los enunciados siguientes:

1. Actos del Secretario.
2. Actos de las partes.
3. Actos del Órgano Judicial.
4. Actos del Tribunal.
5. Actos del Agente Judicial.

b) Exprese con un solo término:

1. Providencias, autos y sentencias.
2. Resultado, considerando, visto.
3. Notificación, citación, emplazamiento, requerimiento.
4. Fallo del tribunal.

c) *Anote la significación de las palabras siguientes en otros contextos:*

- auto
- diligencia
- resolución
- cuerpo
- providencia

- vistas
- motivación
- exposición
- fallo
- encabezamiento

d) **Con ayuda de un diccionario técnico, traduzca a su idioma los distintos actos de comunicación que se mencionan en el texto.**

2. *Para hablar*

a) **Estudie las palabras durante dos minutos y, a continuación, escriba todas las que recuerde con la correspondiente traducción.**

abogado	auto	pizarra	citación	declaración
demanda	desahucio	emplazamiento	exhorto	
fallo	mesa	notificación	procurador	providencia
requerimiento	resolución	sentencia	silla	suplicatorio

b) **Por parejas: compruebe su lista con la de su compañero y, a continuación, comenten las siguientes estrategias de aprendizaje de vocabulario:**

- por temas
- grabación
- alfabéticamente
- repetición oral

- mediante representación: dibujo, símbolos, etc.
- repetición por escrito
- escribir la traducción
- otras

c) **Estudie los encabezamientos de las sentencias y tome notas para contestar. A continuación, compruebe sus notas con las de su compañero.**

	A	B	C	D	E
— Órgano unipersonal					
— Órgano colegiado					
— Contenido					
— Disposiciones vistas					
— Decisión					

A

SENTENCIA de 18 MAYO 1996
Rec. núm. 1223/1995

Penal

Ponente: Excmo. Dr. D.

HOMICIDIO: «animus necandi»; diferencias con lesiones. Trastorno mental transitorio: eximente incompleta: inaplicación en estados depresivos: ERROR DE HECHO: informes periciales: valor probatorio.

Disposiciones estudiadas: CP, arts. 8.º.1, 9.º, circ. 1.ª y 407 y LECrim, art. 849.2.

El TS **declara no haber lugar** al recurso de casación, por infracción de ley interpuesto por Severiano P. P. contra Sentencia dictada por la Audiencia Provincial de Cuenca el 11-3-1995 que condenó a Severiano como autor de un delito de homicidio en grado de frustración a la pena de ocho años y un día de prisión menor y a que indemnice a Juan Angel R. G. en la cantidad de dos millones de ptas. por las lesiones y tres millones por las secuelas.

B

SENTENCIA de 7 de JUNIO 1996
Rec. núm. 3090/1992

Civil

Ponente: Excmo. Dr. D.

REGIMENES ECONOMICO-MATRIMONIALES: SOCIEDAD DE GANANCIALES: liquidación: vivienda familiar: aplicación del art. 1354 del CC, con independencia de tratarse de una compra a plazos por un cónyuge anterior al comienzo de la sociedad y de dársele el destino familiar posteriormente. CONTRATOS BANCARIOS: cuenta indistinta: la cotitularidad como atribuye la propiedad del saldo sino su disponibilidad por cualquier cotitular: determinación de la propiedad atendiendo a las relaciones internas entre cotitulares.

Disposiciones estudiadas: CC, arts. 3.º, 1, 1347.1, 1354, 1357.2 y 1772.

C

SENTENCIA de 4 de ENERO 1996, NÚM. 2
Rollo de Apelación núm. 289/1995

AP Málaga

Ponente: Ilmo. Sr. D.

LESIONES: UTILIZAR EN LA AGRESION ARMAS: relación y diferencia con las tipificadas en los arts. 420 y 582 del CP; existencia: golpea la cabeza de la víctima en dos ocasiones con una barra antirrobo de vehículo; DEFORMIDAD: existencia: dos cicatrices frontales y visibles. PRESUNCION DE INOCENCIA: DECLARACIONES DE TESTIGOS: inexistencia de prueba: en amenazas: declaraciones contradictorias de los implicados y testigos.

Disposiciones estudiadas: CP, arts. 420, 421 y 582.

El Juzgado de lo Penal núm. 7 de Málaga condenó a Salvador S. R., como autor de un delito de lesiones, a la pena de seis meses y un día de prisión menor.
Contra la anterior resolución, la acusación particular interpuso recurso de apelación.
La Audiencia Provincial estima parcialmente el recurso y revoca la sentencia impugnada en el sentido de condenar a Salvador S. R., como autor de un delito de lesiones cualificado, a la pena de dos años, cuatro meses y un día de prisión menor.

D

SENTENCIA de 18 de ENERO 1996
Rec. núm. 918/1994

TSJ Madrid

Sala de lo Contencioso-Sección 5.ª

Ponente: Ilmo. Sr. D.

IMPUESTO SOBRE TRANSMISIONES PATRIMONIALES Y ACTOS JURIDICOS DOCUMENTADOS. CALIFICACION DE ACTOS: se califica la operación como una adjudicación de la cuota de participación de la Cooperativa de la que era titular la parte demandante y no como una transmisión.

Procede acceder a lo solicitado puesto que, efectivamente, se trata de la adjudicación de la cuota de participación de la Cooperativa de la que era titular la parte demandante, supuesto no incluible en la transmisión que constituye el hecho imponible del tributo conforme ha señalado la Sala en ocasiones precedentes para idéntico caso al que constituye objeto de autos.

E

SENTENCIA de 29 de ENERO 1996
Recurso de Suplicación núm. 99/1996

TSJ Galicia

Ponente: Ilmo. Sr.D.

CONTRATO PARA TRABAJOS FIJOS Y PERIODICOS DE CARACTER DISCONTINUO: denegación: contratación en temporadas sucesivas: utilizando distintas modalidades contractuales: albergues de verano: puestos de refuerzo coyuntural para cada campaña, planificados en función de las disponibilidades presupuestarias.

Disposiciones estudiadas: RD 2104/1984, de 21 noviembre, art. 11 y Ley 10/1994, de 19 mayo, art. 4.º.2.

N. de R. Véase Sentencia de este mismo Tribunal de fecha 24-1-1996 (AS 1996, 11).

El TSJ **desestima** el recurso interpuesto por los actores contra la Sentencia del Juzgado de lo Social núm. 2 de los de La Coruña, de fecha 8-11-1995, dictada en autos promovidos en reclamación sobre despido.

3. Para practicar

a) Conteste por escrito sobre la finalidad de los actos procesales

1. Se pone una demanda para ....
2. Las resoluciones judiciales tienen por objeto ....
3. El Juzgado envía notificaciones con el fin de ....
4. Para .... se envía un exhorto.
5. El suplicatorio se redacta con objeto de ....

b) Desarrolle las siguientes abreviaturas:

S.M.	C.P.	C.C.	L.O.P.J.
Ilmo. Sr. D.	LE. Civ.	T.S.	art.
Excma. Sra. D.ª	LE. Crim.	T.S.J.	Sr. D.

c) Escriba las fechas siguientes:

Ejemplo: 2/11/97

     El dos de noviembre de 1977

— 12/1/1998
— 31/10/1413
— 7/5/1714
— 15/8/1980
— 31/12/2004

d) Compruebe el día de la semana de las fechas siguientes:

1. Tres de marzo.
2. Veintiocho de abril.
3. Nueve de noviembre.
4. Veintiséis de septiembre.

	MARZO				ABRIL				MAYO					JUNIO				JULIO				
L		6	13	20	27	3	10	17	24	1	8	15	22	29		5	12	19	26	3	10	17	24	31
M		7	14	21	28	4	11	18	25	2	9	16	23	30		6	13	20	27	4	11	18	25
X	1	8	15	22	29	5	12	19	26	3	10	17	24	31		7	14	21	28	5	12	19	26
J	2	9	16	23	30	6	13	20	27	4	11	18	25	1	8	15	22	29	6	13	20	27
V	3	10	17	24	31	7	14	21	28	5	12	19	26	2	9	16	23	30	7	14	21	28
S	4	11	18	25	1	8	15	22	29	6	13	20	27	3	10	17	24	1	8	15	22	29
D	5	12	19	26	2	9	16	23	30	7	14	21	28	4	11	18	25	2	9	16	23	30

	AGOSTO				SEPTIEMBRE				OCTUBRE					NOVIEMBRE				DICIEMBRE			
L		7	14	21	28	4	11	18	25	2	9	16	23	30		6	13	20	27	4	11	18	25
M	1	8	15	22	29	5	12	19	26	3	10	17	24	31		7	14	21	28	5	12	19	26
X	2	9	16	23	30	6	13	20	27	4	11	18	25	1	8	15	22	29	6	13	20	27
J	3	10	17	24	31	7	14	21	28	5	12	19	26	2	9	16	23	30	7	14	21	28
V	4	11	18	25	1	8	15	22	29	6	13	20	27	3	10	17	24	1	8	15	22	29
S	5	12	19	26	2	9	16	23	30	7	14	21	28	4	11	18	25	2	9	16	23	30
D	6	13	20	27	3	10	17	24	1	8	15	22	29	5	12	19	26	3	10	17	24	31

4. Para terminar

a) **Exprese de otra manera la periodicidad con que se actualizan las publicaciones de Jurisprudencia, en los distintos formatos o soportes:**

☐ Jurisprudencia Civil en Papel.
☐   Anual   400 euros
☐   Semestral   225 euros
☐   Trimestral   140 euros

☐ Suscripción CD ROM Jurisprudencia Civil Aranzadi
☐   Anual   600 euros
☐   Semestral   350 euros
☐   Trimestral   200 euros
☐   Bimestral   80 euros

Además de las revistas quincenales, Ud. recibirá puntualmente: *Un volumen cada cuatro meses.*

b) **Por parejas: estudien las resoluciones individualmente y anoten el término correspondiente à cada una de ellas. A continuación, formulen preguntas o comentarios sobre el contenido y la redacción de cada una.**

AUTO DE PROCESAMIENTO   PROVIDENCIA   SENTENCIA

Penal

Ponente: Excmo. Sr. D.

TRAFICO DE DROGAS: Tenencia para el autoconsumo: falta acreditar el hecho de la adicción a las drogas.

El TS declara no haber lugar al recurso de casación, por infracción de ley, interpuesto por Isidora H. M., contra sentencia dictada por la Audiencia Provincial de Málaga que le condenó como autora de un delito contra la salud pública.

FUNDAMENTOS DE DERECHO

PRIMERO Y UNICO.—El recurso se interpone finalmente por un solo motivo y a favor de una sola de las inicialmente recurrentes, articulándose al amparo del núm. 1.º del artículo 849 de la Ley de Enjuiciamiento Criminal por estimar que se ha aplicado indebidamente el artículo 344 del Código Penal.

1. La parte recurrente admite inicialmente, a efectos dialécticos, la ocupación de las seis papelinas cuyo contenido en sustancias estupefacientes se especifica en el hecho probado, pero a renglón seguido entra en debate contradictorio con el relato de hechos probados y alega que está probado, por una sentencia anterior, que la acusada es drogadicta y que en el momento de entrada de la policía se encontraba fumando una dosis de hachís en compañía de una amiga lo que le lleva a mantener la tesis de que nos encontramos ante un supuesto de autoconsumo. Asimismo se declara probado que se encontraron setenta y nueve mil pesetas en efectivo y joyas producto de la venta de la droga, valoradas en ciento setenta y ocho mil pesetas.

Por otra parte la sentencia descarta la existencia de trastorno mental transitorio e incluso de la eximente incompleta ya que ni de la prueba pericial practicada, ni de las circunstancias concurrentes se desprende merma alguna de la voluntad e inteligencia sin que le sea aplicable el contenido de otra sentencia anterior aportada a los autos en la que se hacía referencia a una cierta drogadicción derivada de la observación del síndrome de abstinencia. Por último descarta que la acusada tenga mermadas sus facultades volitivas e intelectivas a pesar de reconocer que padece ataques epilépticos.

2. La tesis del autoconsumo impune ha sido admitida de manera constante en la más reciente jurisprudencia de esta Sala, pero exige como elemento condicionante, la existencia y constatación probatoria —después trasladada al hecho probado—, de una dependencia del consumo de drogas tóxicas o estupefacientes. Además la cantidad de droga encontrada en poder de la persona adicta debe ser solamente la necesaria para satisfacer sus necesidades inmediatas sin que sea extensible la falta de tipicidad a aquellos casos en que la entidad y naturaleza de la droga superó con mucho lo razonablemente necesario para satisfacer la dependencia física y psíquica a los estupefacientes.

En el caso presente las cantidades ocupadas a la recurrente son módicas aunque polivalentes en cuanto que se trata de diversidad de sustancias entre las que se encuentran hachís, heroína y cocaína. Tensando la interpretación en favor de la acusada se podía admitir que fuera politoxicómana, pero ni esta circunstancia y ni siquiera la adición simple o singular, aparece determinada en lugar alguno de la sentencia que se limita a reconocer la existencia de ataques epilépticos pero sin hacer referencias específicas al consumo de drogas por parte de la recurrente. Faltando este dato condicionante no es posible construir la figura del autoconsumo como pretende el motivo.

Para disentir del relato de hechos probados e introducir los datos necesarios para configurar una adición al consumo de estupefacientes se debió utilizar la vía del error de hecho aunque con los elementos de que se dispone también estaría destinada al fracaso.

DE LA SALA II DEL T. S. SOBRE
REPRESENTACION Y DEFENSA FORMALES
Y TRASLADO PARA AUDIENCIA AL PENADO,
EN EL RECURSO DE REVISION

TRIBUNAL SUPREMO
SALA SEGUNDA
Excmos. Sres.:
D. (...)
D. (...)
D. (...)

Madrid, 18 de septiembre de mil novecientos

Dada cuenta; por evacuado el traslado conferido al Ministerio Fiscal, no habiendo comparecido el penado, nómbresele Abogado y Procurador del turno de oficio, y, a los designados, entréguenseles estas actuaciones, con la información supletoria practicada, por el plazo y fines establecidos en el artículo ... de la ley de Enjuiciamiento Criminal.

R/.—(Rúbrica.)
Nota.—Cumplido seguidamente, y al Oficial de Sala.

*   *   *

DISPOSICIONES DE APLICACION Y ESTUDIO

Artículo... de la Ley de Enjuiciamiento Criminal.

Juzgado de Instrucción n.º .... del Juez

Sr. D.

En Barcelona, a treinta de marzo de mil novecientos noventa y

RESULTANDO de lo actuado que en el día de hoy y hacia las diez horas, ... de cuarenta y cinco años de edad, casado, natural de Lérida, penetró en la tienda de D. .... y disparó contra éste un revólver, causándole diversas heridas que le produjeron la muerte.

CONSIDERANDO: Que los hechos relacionados revisten los caracteres de delito de asesinato, y de lo actuado resultan indicios racionales de criminalidad contra ...., por lo que se procede a decretar su procesamiento, según el artículo .... de la Ley de Enjuiciamiento Criminal.

SE DECLARA PROCESADO en este sumario a ...., que será internado en ....

SE DECRETA LA PRISION PROVISIONAL Incomunicada, por ahora, del procesado referido .... Hagásele saber, instruyéndole de sus derechos.

REQUIERASELE para que preste fianza por la cantidad de .... para asegurar las responsabilidades pecuniarias que, en definitiva, puedan declararse procedentes ....

Y remítase testimonio de este auto al Ministerio Fiscal.
Lo mandó y firma el expresado Sr. Juez.
Doy fe-M/.
(Firmado)   (Firma del Secretario)

DILIGENCIA. Doy fe de que en este mismo día se remitió el testimonio del auto al Ministerio Fiscal, se formaron las piezas y se reclamaron los antecedentes penales y de conducta.

DISPOSICIONES DE APLICACION Y ESTUDIO
Artículo .... de la Ley de Enjuiciamiento Criminal y los citados en el texto.

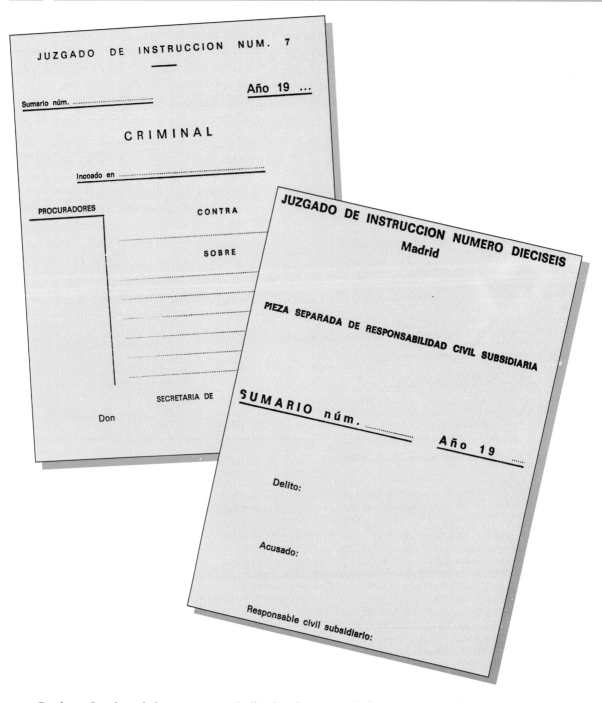

JUZGADO DE INSTRUCCION NUM. 7

Año 19 ...

Sumario núm. ....

CRIMINAL

Incoado en ....

PROCURADORES

CONTRA

SOBRE

SECRETARIA DE

Don

JUZGADO DE INSTRUCCION NUMERO DIECISEIS
Madrid

PIEZA SEPARADA DE RESPONSABILIDAD CIVIL SUBSIDIARIA

SUMARIO núm. ....

Año 19 .....

Delito:

Acusado:

Responsable civil subsidiario:

Profesor: La clase de hoy va a estar dedicada a los procedimientos penales. Esto es, al conjunto de normas que regulan la actuación de los órganos judiciales en materia penal.

Existen diversos procedimientos, pero nosotros vamos a estudiar dos de ellos: **el general u ordinario,** establecido para penas de prisión mayor (seis años y un día a doce años de privación de libertad), o de reclusión mayor o menor (condenas superiores) y el **abreviado** (para enjuiciar delitos con penas entre seis meses y un día y seis años).

General u ordinario.

- Se inicia con una demanda, acusación o decisión de oficio.
- El Juzgado de Instrucción abre un sumario. Esto es, el conjunto de actuaciones encaminadas a preparar el juicio y practicadas para hacer constar la perpetración de un delito, con todas las circunstancias que puedan influir en su calificación y en la culpabilidad del imputado. Dicho de otra manera: el juez instructor practica las diligencias y reúne los datos probatorios necesarios para someterlos al Tribunal colegiado que ha de juzgar.
- Si, a juicio de Su Señoría, existen indicios racionales de culpabilidad, se dicta auto de procesamiento contra el presunto culpable, adoptando las medidas necesarias para que el juicio oral se celebre con las garantías de asistencia y efectividad.
  — Si existiese autor, cómplice o encubridor del delito, se decreta su procesamiento. El juez concluye el sumario y lo eleva a la Audiencia Provincial.
  — Caso de no existir autor conocido, o averiguar que el hecho investigado no constituye delito, el juez instructor concluye el sumario y lo eleva a la A. P.
- Cuando se recibe el sumario en la A.P., Sección de lo Penal, se traslada al Magistrado Ponente, al Ministerio Fiscal y a la parte acusadora —si la hubiera— a fin de solicitar:
  — apertura de juicio oral.
  — sobreseimiento de la causa.
  — revocación del sumario y devolución al Juzgado para completar las diligencias.
- Una vez cerrado el sumario, por parte del juez, mediante el Auto de Conclusión, se comunica a los presuntos responsables, al fiscal y a la parte acusadora.
- En caso de sobreseimiento (cuando no se encuentra base suficiente para abrir juicio oral), se archiva la causa o sumario.
- Confirmado el Auto de Conclusión por el Tribunal, éste dicta el Auto Acordando Apertura de Juicio Oral.
- La Audiencia Provincial señala día y hora para la celebración del juicio oral, con citación de las partes, testigos y peritos. Posteriormente, dictará y ejecutará la sentencia.
- Los inculpados pueden solicitar abogado y procurador del Turno de Oficio.

Abreviado.

Es un procedimiento más rápido, que elimina burocracia y simplifica los trámites.

- El Abogado de Oficio, que asiste a la declaración ante el juez, sigue haciéndose cargo de la causa para su defensa.
- El Ministerio Fiscal tiene mucha más preponderancia: puede recibir denuncias, citar a denunciantes y testigos, dar instrucciones a la Policía y, si estimase que no ha habido delito, archivar la causa.
- No existe Auto de Procesamiento sino que se notifica al acusado que se va a seguir el Procedimiento Abreviado y se le entrega el Acta de Acusación del Ministerio Fiscal, citándole para el juicio que se celebrará ante el Juez de lo Penal o ante la Audiencia Provincial.

1. Para leer y comprender

a) Subraye las palabras-clave del tema para clasificarlas según los siguientes criterios:

1. Nombre:..
   Verbo: ....
   Adjetivo:..
2. Personas/actores: ....
   Actuaciones: ....
   Documentos/comunicaciones: ....

b) Tome nota para resumir la clase:

1. Tema.
   Jurisdicción.
   Ideas principales y secundarias.
2. Procedimientos:
   — Denominaciones.
   — Diferencias.
   — Fases:
      — sumarial o ...., en Juzgados de ....
      — decisoria o ...., en .... o ....
3. Objetivo y contenido del sumario.
   — Órgano judicial competente.
   — Inicio.
   — Posibles resultados.
   — Conclusión.

c) Complete el cuadro siguiente:

	Explicación	Antónimo	Verbo
Privación de libertad....			
Culpabilidad			
Encubridor...................			
Delito...........................			
Sobreseimiento.............			
Inculpado			

2. Para hablar

a) En grupos: formulen preguntas a sus compañeros, utilizando sus notas de los ejercicios C.1.a. y C.1.b.

b) Diseñen un esquema para presentar oralmente ante sus compañeros el procedimiento penal ordinario.

c) Por parejas: individualmente, completen el Auto con los datos que faltan y, a continuación, lean el documento a su compañero.

AUTO ACORDANDO APERTURA DE JUICIO ORAL

AUTO DEL SR. JUEZ DEL JUZGADO DE INSTRUCCION DE

D. _____

de mil novecientos noventa y

I.   HECHOS

UNICO.—La/s parte/s acusadora/s han formulado escrito de acusación por los hechos que resultan de estas actuaciones, por el delito que se dirá, contra la/s señaladas en aquél, en el que, entre otro particular, proponen las pruebas de que intentan valerse y solicitan la apertura de Juicio Oral.

II.   RAZONAMIENTOS JURIDICOS

UNICO.—Solicita la apertura del juicio oral y existiendo indicios racionales de criminalidad contra el/los acusado/s, se está en el caso de acordar dicha apertura, resolver lo que resulte necesario en cuanto a las medidas cautelares, según dispone el número 7 del artículo 790 de la Ley de Enjuiciamiento Criminal, así como emplazar al/los acusado/s, a los fines y en los términos señalados en el número 1 del artículo 791 de dicha Ley procesal.

En atención a lo expuesto,

DISPONGO

Se acuerda la APERTURA DEL JUICIO ORAL, en la presente causa, Procedimiento Abreviado n.º _____, cuyo enjuiciamiento corresponde a _____.
Se tiene por dirigida la acusación por el delito de
_____ contra
_____
a quien se emplazará, con entrega de los escritos de acusación, para que en el plazo de tres días comparezca/n en la causa designando Abogado que le/s defienda y Procurador que le/s represente, apercibiéndoseles que de no hacerlo se le/s nombrarán de oficio.
Requiérese a _____
para que en el plazo de veinticuatro horas preste/n fianza por importe de _____ pesetas, a fin de asegurar las responsabilidades pecuniarias, incluso costas, que pudieren derivarse de la presente causa, y caso de no prestarla procédase al embargo de sus bienes o acredítese, en caso, su insolvencia.
Fórmese pieza separada de responsabilidad civil.
Así lo acuerdo, mando y firmo.
(F. Gómez de Liaño. Iniciación a los Instrumentos Prácticos del Derecho.)

---

3.   *Para practicar*

a) Consulte el cuadro y anote el tipo de pena (escala y grado), así como sus conclusiones sobre las siguientes situaciones de privación de libertad.

1.   A. tiene una condena de cuatro años y un día y C. de seis años y un día.

2.   Te pueden caer de seis meses a dos años.

3.   Le condenaron a veintitrés años y cuatro meses y a su compañero a diez años y un día.

4.   José fue absuelto pero la condena de su hermano fue de seis años y cuatro meses.

5.   La acusación pedía ocho años y un día y le condenaron a dos años y cuatro meses.

Recuerden:
más que
menos que   mayor que   superior
igual que   menor que   inferior
cuanto más tiempo ....
cuantos menos años ....

Arresto mayor: de 1 mes y 1 día a 6 meses.
Grado máximo: de 4 meses y 1 día a 6 meses.
Grado medio: de 2 meses y 1 día a 4 meses.
Grado mínimo: de 1 mes y 1 día a 2 meses.

Prisión menor: de 6 meses y 1 día a 6 años.
Grado máximo: de 4 años, 2 meses y 1 día a 6 años.
Grado medio: de 2 años, 4 meses y 1 día a 4 años y 2 meses.
Grado mínimo:de 6 meses y 1 día a 2 años y 4 meses.

Prisión mayor: de 6 años y 1 día a 12 años.
Grado máximo: de 10 años y 1 día a 12 años.
Grado medio: de 8 años y 1 día a 10 años.
Grado mínimo:de 6 años y 1 día a 8 años.

Reclusión menor: de 12 años y 1 día a 20 años.
Grado máximo: de 17 años, 4 meses y 1 día a 20 años.
Grado medio: de 14 años, 8 meses y 1 día a 17 años y 4 meses.
Grado mínimo: de 12 años y 1 día a 14 años y 8 meses.

Reclusión mayor: de 20 años y 1 día a 30 años.
Grado máximo: de 26 años, 8 meses y 1 día a 30 años.
Grado medio: de 23 años, 4 meses y 1 día a 26 años y 8 meses.
Grado mínimo: de 20 años y 1 día a 23 años y 4 meses.

b) **Califique las circunstancias en relación con la responsabilidad criminal:**

Eximentes: 7,
Atenuantes:
Agravantes:

1. alevosía; cometer el delito por precio o recompensa; ejecutarlo por medio de inundación, incendio, veneno o explosión;
2. enajenación mental; menor de 16 años; error invencible;
3. astucia; abuso de superioridad; abuso de confianza;
4. embriaguez no habitual; falta de intención; estado pasional fuerte; reparar o disminuir los efectos del delito espontáneamente; grave penuria económica; toxicomanía;
5. legítima defensa; en virtud de la obediencia debida;
6. de noche y en despoblado; realizar un delito por un medio que facilite la publicidad;
7. alteración de conciencia de la realidad.

c) **Complete las hipótesis, de acuerdo con la calificación de circunstancias del ejercicio anterior.**

1. Si el acusado hubiera tenido menos de dieciséis años...
2. Si no le hubiera matado a las tres de la mañana y en un descampado...
3. Le habrían echado muchos más años si no llega a ser por...
4. Si alegas legítima defensa...
5. Si el presunto culpable se encontraba bajo los efectos del alcohol...

d) **Redacte un resumen sobre la institución y procedimiento del** Habeas Corpus, *de acuerdo con el esquema:*

— Significado y origen.
— Concepto y definición.
— Objeto.
— Regulación del procedimiento.
— Casos en los que solicita.
— Quién puede solicitarlo.
— Posibles decisiones del juez.

4. *Para terminar*

a) **Después de leer las** Normas Reguladoras del Turno de Oficio, *responda a las preguntas:*

1. ¿A qué se denomina **Turno de Oficio?**
2. ¿Quiénes pueden ejercer en el mismo?
3. ¿Cuáles son los requisitos de acceso?
4. ¿Qué obligaciones tiene el Abogado de Oficio?

5. ¿Puede actuar en todos los procedimientos y órdenes jurisdiccionales?
6. ¿Quién tiene derecho a solicitar Abogado de Oficio?
7. ¿Cuánto, cómo y cuándo percibe sus honorarios el Abogado de Oficio?
8. Prepare preguntas para formulárselas a sus compañeros.

TITULO I

Del acceso y permanencia en el Turno de Oficio

Artículo 1
La Junta de Gobierno de este Colegio establecerá un turno para designar Abogado a quien acredite el cumplimiento de los requisitos legales para la obtención del derecho al acceso gratuito a la justicia, cuando esté legalmente prevista su intervención y se solicite por Organo jurisdiccional competente. Se denominará Turno de Oficio y la pertenencia al mismo tendrá carácter voluntario.

Art. 2
1. Podrán acceder al Turno de Oficio los Abogados ejercientes incorporados a este Colegio, con despacho profesional en su ámbito territorial y que residan en la Comunidad Autónoma de Madrid; deberán tener cumplidas todas las obligaciones estatutarias, llevar más de tres años en el ejercicio de la profesión y estar en posesión del diploma correspondiente al Curso General de la Escuela de Práctica Jurídica, de cualquier otro equivalente, o de los de aprovechamiento en los cursos que al efecto se impartirán en el Colegio, que totalicen 150 puntos, conforme al baremo que determine en cada momento el Centro de Estudios e Investigación del mismo.

TITULO II

De las designaciones

Art. 3
El Abogado de Oficio viene obligado a asumir el patrocinio del interesado a los fines para que fue designado en la instancia a que se refiere la designación hasta la finalización del procedimiento, y eventualmente en la superior si se tratase de recurrir autos o providencias recaídos en dicha instancia. Asimismo, si lo hubiere llevado en primera instancia le corresponderá la ejecución de la sentencia, siempre que se inste dentro de los dos años siguientes a la fecha de dicha resolución judicial, salvo que se hubiese formulado recurso de apelación contra la sentencia, en cuyo caso se nombrará nuevo Letrado para la Ejecución.

Art. 4
El Letrado designado para un procedimiento civil en primera instancia, se hará cargo de la interposición o formalización del recurso que correspondiere contra la sentencia que se dicte.

En los procedimientos penales, el Letrado designado vendrá obligado, de ser procedente su interposición, a formalizar y proseguir el recurso correspondiente, excepto cuando sea el de casación, que deberá únicamente anunciarlo.

En el orden contencioso-administrativo el Letrado deberá, en su caso, anunciar el recurso de casación.

En el orden jurisdiccional Social, el Letrado vendrá, en su caso, obligado a interponer el correspondiente recurso de suplicación, debiendo formalizarlo si estuviere de alta en el Turno Especial Laboral; igualmente habrá de anunciar el de casación.

TITULO IV

De la Justicia Gratuita

Art. 8
1. Cuando el peticionario acredite que tiene reconocido el derecho a litigar gratuitamente, el Colegio de Abogados procederá a la designación de Letrado por Turno de Oficio.

TITULO VII

Venias y Honorarios

CAPITULO II

De los Honorarios

Art. 29
1. Ya sea en diligencias policiales como en el ámbito jurisdiccional, el derecho que asiste al Abogado designado para la defensa del justiciable a percibir honorarios de su cliente quedará en suspenso, mientras se tramita la pieza de justicia gratuita y desaparece si aquél fuera declarado legalmente pobre.

3. Si el beneficiado por la Justicia Gratuita obtuviere bienes o derechos como consecuencia del ejercicio de acciones dirigidas por el Abogado de Oficio o si viniere a mejor fortuna en sentido legal tendrá derecho a percibir honorarios de aquél en el modo previsto en las disposiciones vigentes.

4. Podrá cobrar en todo caso honorarios a la parte contraria condenada en costas en cuanto no gozare del beneficio de Justicia Gratuita o si gozare de dicho beneficio por disposición legal.

(OTROSI)

b) *Traduzca a su idioma los Autos siguientes:*

AUTO ACORDANDO DETENCION

AUTO DEL SR. JUEZ DEL JUZGADO DE INSTRUCCION DE

D. _____ de mil novecientos noventa y

I. HECHOS

UNICO.—Iniciadas las presentes diligencias se han practicado las actuaciones que se estimaron necesarias y pertinentes, deduciéndose de lo actuado que los hechos pudieren ser constitutivos de delito, y apareciendo motivos racionalmente bastante para creer que han tenido participación en los mismos.

II. RAZONAMIENTOS JURIDICOS

UNICO.—A tenor de lo dispuesto en el apartado a) de la Regla 8.ª del artículo 785 de la Ley de Enjuiciamiento Criminal, en relación con lo establecido en el Título IV del Libro II de la misma, se está en el caso de acordar su detención.

En atención a lo expuesto,

DISPONGO:

Se acuerda la DETENCION de

quien/es será/n ingresado/s en el Centro de Detención, en tal calidad y a disposición de este Juzgado en las presentes actuaciones.

Líbrense los oportunos despachos y mandamientos. Fórmese pieza separada de situación personal.

Póngase esta resolución en conocimiento del Ministerio Fiscal.

Así lo acuerdo, mando y firmo.

DILIGENCIA.—En el día de su fecha se dictó la anterior resolución y seguidamente se cumple lo acordado. Doy fe.

AUTO DE SOBRESEIMIENTO

AUTO DEL SR. JUEZ DEL JUZGADO DE INSTRUCCION DE

D. _____ de mil novecientos noventa y

I. HECHO

UNICO.—Iniciadas las presentes Diligencias Previas, se han practicado las actuaciones que se estimaron necesarias y pertinentes, apareciendo de lo actuado que aun estimando que los hechos pudieren ser constitutivos de delito, no ha sido posible determinar la autoría del mismo.

II. RAZONAMIENTOS JURIDICOS

UNICO.—A tenor de lo dispuesto en la regla 1.ª del apartado 5 del artículo 789 de la Ley de Enjuiciamiento Criminal, es procedente acordar el sobreseimiento provisional y ordenar el archivo de la/s parte/s personada/s, al Excmo. Sr. Fiscal de la Audiencia a efectos de lo prevenido en el párrafo 2.º del n.º 5 del mismo artículo.

En atención a lo expuesto

DISPONGO

SE ACUERDA EL SOBRESEIMIENTO PROVISIONAL Y ARCHIVO de las presentes Diligencias Previas n.º _____. Remítanse las actuaciones al Ministerio Fiscal, previa notificación, en su caso, a la/s parte/s persona/s, y si fueren devueltas con el «Visto» procédase al archivo, haciendo las oportunas anotaciones en los Libros correspondientes.

Así lo acuerdo, mando y firmo.

DILIGENCIA.—En el día de su fecha se dictó la anterior resolución. Doy fe.

5

Derecho Penal y Criminología

JUZGADOS DE PRIMERA INSTANCIA E INSTRUCCION				
Planta Baja		Información Estanco		Reprografía Correos
1.ª	Decanato Fiscalía Biblioteca	5.ª		Juzgados de lo Penal
2.ª	Administración Personal	6.ª		Juzgados de Vigilancia Penitenciaria
3.ª	Médico Forense Reparto	7.ª		Oficinas de Sentencias y Ejecutorias
4.ª	Juzgados de Instrucción	8.ª		Policía Judicial Investigación de Accidentes

---

INFORMACION

1. Para poner una denuncia

1

a

¿QUÉ ES UNA DENUNCIA?

Los mayores de 16 años y los que tengan pleno uso de su razón.

ESTAN OBLIGADOS a denunciar, las personas que presencien cualquier delito público, y deben ponerlo inmediatamente en conocimiento del Juez de Instrucción o Fiscal más próximo. De no hacerlo se le podrá sancionar con una MULTA.

NO ESTAN OBLIGADOS a denunciar, el cónyuge, los hijos y los padres del presento autor del delito.

RESPONSABILIDAD: La denuncia falsa es un delito.

b

¿DÓNDE SE PONE LA DENUNCIA?

2

Una vez presentada la denuncia, el Juzgado Decano la repartirá por turno a uno de los juzgados de la localidad, y el juez que la reciba decidirá las actuaciones a seguir.

Si ve que no recibe respuesta sobre su denuncia, podrá pedir información sobre la misma en el Juzgado donde se esté tramitando.

3

Es el hecho de poner en conocimiento de la autoridad judicial unos acontecimientos ocurridos, que pueden considerarse constitutivos de infracción penal, ya sea falta o delito.

4

En cualquier comisaría (policía nacional, policía municipal, guardia civil).
- En el juzgado de guardia de la localidad.
- En la oficina de registro del juzgado Decano.

c

¿QUIÉNES PUEDEN DENUNCIAR?

5

Las denuncias pueden hacerse:
- por escrito,
- de palabra,
- personalmente,
- por medio de otra persona con poder especial para ello.

El denunciante ha de hacer constar todos sus datos personales, demostrándolos con la presentación del D.N.I., pasaporte o similar.

La denuncia por escrito deberá estar firmada por el denunciante y si éste no pudiera, por otra persona a su ruego.

Debe exigir resguardo de haber formulado la denuncia.

d

¿CÓMO SE DENUNCIA?

6

1. JUICIO DE FALTAS: Se sigue este tipo de proceso cuando las infracciones son leves.

Cuando se celebre el acto del juicio debe usted acudir con los testigos y las pruebas que considere necesarios para su defensa.

No es obligatoria la asistencia de abogado, si decide ir a juicio con abogado, los gastos serán por su cuenta.

2. PROCEDIMIENTO ABREVIADO Y PROCEDIMIENTO ORDINARIO: Ambos tipos de procesos se siguen cuando las infracciones son graves o muy graves.

En los dos casos, puede ser citado por el Juzgado para:
- ratificarse en la denuncia,
- tomarle declaración,
- declarar en el acto del juicio.

En ambos casos es obligatoria la asistencia de abogado y procurador.

El abogado y el procurador pueden ser de su libre elección o de oficio, en cuyo caso tendrá que solicitarlos el propio Juzgado y teniendo en cuenta el derecho a la Justicia Gratuita.

En el caso de no querer Abogado y Procurador, no se le considerará parte en el procedimiento. Se le notificará la sentencia para su conocimiento pero no podrá recurrirla.

Esta última circunstancia no impide que se desarrolle el proceso judicial, porque es el Juez y el Fiscal quienes tienen obligación de averiguar la verdad.

e

Y DESPUÉS, ¿QUÉ?

2. Para el denunciado

f

¿QUIÉN ES EL DENUNCIADO?

g

¿LA DENUNCIA TERMINA SIEM-
PRE EN UN PROCESO PENAL?

h

¿QUÉ ES EL DERECHO
DE DEFENSA?

i

¿ES OBLIGATORIO COMPARECER
A PRESENCIA DEL JUEZ?

j

¿CÓMO ES LA DECLARACIÓN
ANTE EL JUEZ?

1

• Sólo en aquellos casos en que el Juez estime la denuncia funda-
da, es decir, cuando estime que existen indicios de haberse producido
una infracción penal.
La denuncia falsa es un delito.

2

• El denunciado es aquella persona a quien se le atribuyen los hechos que se denuncian.

El derecho de defensa comprende:
• El derecho a la presunción de inocencia.
• El derecho a ser instruido de sus derechos y de los recursos que
puede ejercitar.
• El derecho constitucional de no declarar.
• El derecho a participar y actuar en el proceso.
• El derecho a ser representado por el Procurador y asistido por
Letrado cuando lo solicite, y en todo caso cuando sea preciso su conse-
jo, nombrándoseles de oficio cuando por cualquier causa no pueda dis-
poner de uno propio.

3

4

• Conviene saber:

1.º   Que no se exige juramento.
2.º   Que se le preguntará por sus datos personales: nombre, ape-
llidos, edad, domicilio...
3.º   Que podrá ser preguntado en el lugar de los hechos.
4.º   Que las preguntas se referirán a los hechos y a su participación en los mismos y de las demás personas que hubieren participado.
5.º   Que deberá contestar sin valerse de apuntes, salvo casos
excepcionales (p. ej., si se trata de cuentas u otros supuestos similares).
6.º   Que puede decir lo que crea conveniente para su defensa.
7.º   Que podrá leer su declaración antes de firmarla.
8.º   Que le asiste el derecho a no declarar y que si lo hace, en
presencia de Letrado.

5

• El denunciado está obligado a acudir a presencia del Juez o Tribunal que lo solicite, cuando sea formalmente citado para prestar declaración.
Si no acude sin causa justificada podrá ordenarse su detención.
En todo caso el denunciado tiene el derecho a ser asistido por Letrado y a no declarar, porque es el Juez de Instrucción y el Fiscal quienes deben averiguar lo sucedido.

Juzgado Decano
Administración de Justicia

---

1.   Para leer y comprender

**a)   Estudie el panel informativo del juzgado y reflexione sobre las gestiones o trámites que se pue-
den realizar en cada una de las plantas.**

*Ejemplo: en la planta baja se puede obtener información, hace fotocopias, comprar sellos y enviar
comunicaciones.*

67

b) *Relacione las preguntas y las consultas con las respuestas correspondientes. A continuación, elija la respuesta correcta:*

1. Para poner una denuncia:
   a) es obligatorio personarse en el Juzgado
   b) hay que comprar un impreso
   c) se puede ir a una comisaría

2. El presunto autor de un delito se denomina:
   a) delincuente
   b) víctima procesada
   c) denunciado

3. Todo denunciado tiene derecho a:
   a) acudir a presencia del juez
   b) ser defendido por un letrado, particular o de oficio
   c) recurrir

4. El declarante tiene los siguientes derechos:
   a) leer su declaración antes de firmarla
   b) negarse a dar sus datos personales
   c) negarse a ir a declarar

5. Las infracciones penales son:
   a) todas graves
   b) faltas (leves) y delitos (graves)
   c) sobreseídas, sancionadas, archivadas y ejecutadas

6. Los procesos judiciales pueden ser:
   a) de varios tipos
   b) juicios de faltas, procedimiento ordinario o abreviado
   c) declarativos, expositivos y descriptivos

c) *Complete el cuadro siguiente:*

	Sinónimo	Antónimo	+	-
Perjudicado	*dañado*	*favorecido*		x
Presunto culpable				
Falso				
Abreviado				
Infractor				
Gratutito				
Grave				
Leve				
Detenido				

d) **Después de leer la información, elabore un breve esquema sobre los trámites de una denuncia y las consecuencias para el denunciante y el denunciado.**

Denuncia: Juzgado/Comisaría

....

Denunciante: ....   Denunciado: ....

2. *Para hablar*

a) **Por parejas: formulen preguntas a su compañero sobre la localización de las dependencias del Juzgado, según el panel informativo, y compruebe sus respuestas del ejercicio 5.1.a.**

b) **En grupos: formulen preguntas a sus compañeros para comprobar sus conocimientos sobre la denuncia, el proceso penal y las consecuencias para el denunciante y el denunciado.**

Recuerde: así, así pues; por tanto; por lo tanto; por consiguiente; consecuentemente; de ahí que; por ende; de modo que; de suerte que; etc.

c) **Preparen la conversación entre un abogado y un cliente que solicita consejo profesional porque ha sido citado como testigo.**

Cliente/testigo	**Abogado**
¿DÓNDE TENGO QUE IR?	Cuando reciba una citación debe leerla con detenimiento y fijarse en el número de Juzgado que le llama, la dirección del mismo, el número de expediente y el día y la hora en la que debe acudir al Juzgado, datos que siempre vienen reseñados en la citación. En cualquier caso, cuando acuda al Juzgado, debe presentar la citación recibida y acudir con la suficiente antelación, pues si llega con retraso, el acto judicial se puede celebrar sin su presencia, perdiendo los derechos que le asisten. También debe acudir provisto del D.N.I. o pasaporte.
¿TENGO OBLIGACIÓN DE ACUDIR A LA CITA?	Sí, todos los que residan en territorio español, nacionales o extranjeros tienen la obligación de acudir al llamamiento de un Juez para declarar todo lo que sepan sobre lo que se les pregunte. Si no se puede acudir en el día y hora indicado, debe ponerlo en conocimiento del Juzgado. EXCEPCIONALMENTE, puede excusarse de comparecer por impedimentos físicos, psíquicos y morales, debiendo acreditarlo suficientemente en el Juzgado.

Lo primero que le preguntarán serán sus datos personales y su relación con el denunciante o denunciado.

El resto de las preguntas que le hagan, serán claras y relacionadas con los hechos; en ningún caso se puede emplear coacción, engaño, promesa o artificio para obligarle o inducirle a declarar en determinado sentido.

3. *Para practicar*

a) Termine las frases siguientes indicando objetivo o finalidad. Puede utilizar: a, para, para que, a fin de (que), con el objeto de (que), con la intención de (que).

1. Voy a bajar al estanco...
2. Consultaré la Jurisprudencia en la biblioteca..
3. Han llamado de la Fiscalía..
4. Acabo de estar en la Oficina de Sentencias...
5. Tendremos que ir a Personal...
6. Ya han enviado la Ejecutiva (Ej.)..

b) Explique las consecuencias de los siguientes hechos, utilizando: luego; conque; así es que, por consiguiente, por lo tanto, de tal modo que, hasta el punto de que, etc.

1. He recibido una citación para el próximo jueves.
2. Vamos a seguir el Pr. Abr. (Procedimiento Abreviado).
3. No puedo pagar un abogado particular.
4. El juez ha concluido ya el sumario.
5. No va a haber J.O. (Juicio Oral).

c) Lea de nuevo la información para el denunciante, el denunciado y el testigo y redacte un memorándum con instrucciones o consejos legales para sus clientes.

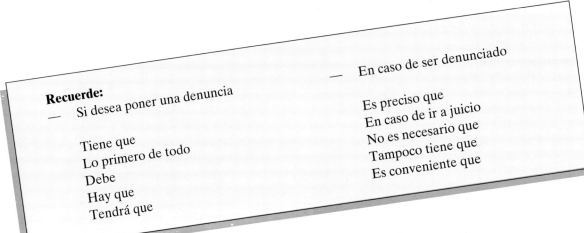

Recuerde:
— Si desea poner una denuncia

Tiene que
Lo primero de todo
Debe
Hay que
Tendrá que

— En caso de ser denunciado

Es preciso que
En caso de ir a juicio
No es necesario que
Tampoco tiene que
Es conveniente que

d) Indique la correspondiente abreviatura:

— Juicio oral
— Ejecutoria
— Documento Nacional de Identidad

— Procedimiento abreviado
— Su Señoría

4. Para terminar

a) Después de leer los escritos de denuncia y de defensa, anote:

— hechos constitutivos de infracción legal
— calificación de los hechos
— motivación de la defensa
— pruebas documentales
— solicitud de la defensa

DENUNCIA

Al Juzgado de Instrucción
JAVIER GONZALEZ SANTAREM, mayor de edad, profesor y vecino de Albacete en la calle Prim n.º 7, 3.º A, con D.N.I. n.º.............. en su propio nombre y derecho comparece y DICE:

Que formula denuncia frente a D.ª Magdalena Pérez Lejara, mayor de edad y también vecina de Albacete, en la calle Júcar 10, por los hechos siguientes:

El 1 de enero de 1995 adquirí en documento privado a Magdalena Pérez Lejara una vivienda en la calle Torres, n.º 58 de Albacete, en las condiciones expresadas en el documento que se acompaña, y en particular por el precio de 12 millones, pagaderos en plazos mensuales de cien mil pesetas, más la entrada que se efectuó en el acto y la hipoteca correspondiente.

Al terminar de pagar las mensualidades, solicité a la Sra. Pérez el otorgamiento de la escritura pública a lo que ésta se negó.

Entendiendo que los hechos puede ser constitutivos de estafa, es por lo que se pone en conocimiento del Juzgado con el fin de que se abran las oportunas diligencias penales en averiguación de los hechos denunciantes.

Albacete,......................................

ESCRITO DE DEFENSA

MARIO ORTIZ DE SAMARA, en nombre y representación de D.ª Magdalena Pérez Lejara, acreditado en diligencias previas seguidas en virtud del presunto delito de estafa a mi representada, comparece y DICE:

Que en tiempo y forma procede a formular por escrito de defensa, basado en las siguientes conclusiones provisionales:

PRIMERA: Mi representada se limitó a condicionar el otorgamiento de escritura pública al pago de todas las mensualidades, puesto que D. Javier González Santarem había dejado sin abonar tres recibos.

SEGUNDA: Los hechos no son constitutivos de delito.
TERCERA: Procede la absolución de mi representada.
Por lo expuesto
SUPLICO AL JUZGADO, que tenga por evacuado en tiempo y forma el presente trámite.

OTROSI DIGO, que para el acto del juicio oral interesa la práctica de la prueba siguiente:

DOCUMENTAL, consistente en que se libre oficio al Sr. Director de la Caja de Ahorros (Sucursal n.º 8, de la calle de Uribe, n.º 6) a fin de que remita al Juzgado los recibos devueltos sin pagar por el denunciante.

SUPLICO AL JUZGADO, que tenga a bien declarar la pertinencia de la prueba propuesta ordenando librar los despachos para su práctica.

Fecha.

---

b) Por parejas: preparen y expongan oralmente la argumentación de ambas partes (denunciante y denunciado)

Recuerden:

Exposición
- Actitud objetiva
- Componentes retóricos
  - recopilación de hechos
  - orden de la exposición
  - expresión lingüística apropiada (orden, claridad, exactitud, pronunciación, fluidez)
  - documentación completa
  - duración de la exposición

Argumentación:
- Razones para la denuncia/defensa
- Selección de aspectos esenciales
- Organización y secuencia de los argumentos y datos:
  - argumento inicial/principal
  - argumento secundario
  - posibles objeciones
  - refutación y argumentos en contra
  - argumento final

SALA
DEL
JUICIO

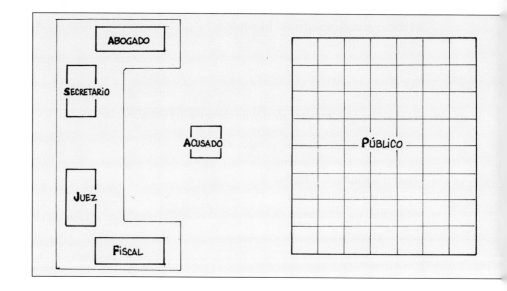

Abogado defensor:	La semana que viene va a ser el juicio y conviene que sepa cómo se va a desarrollar.
Cliente:	¿Habrá público presente?
Abogado:	Bueno... Hay una fase previa a puerta cerrada, en la que le preguntarán sus datos y le leerán los hechos de los que se le acusa, así como la petición del fiscal. Entonces, el juez le preguntará si está conforme.
Cliente:	A lo que yo debo contestar que no lo estoy.
Abogado:	¡Eso es! Después comienza la fase de interrogatorio a los testigos. El público puede entrar en esta parte de la sesión, cuando el Agente Judicial diga «audiencia pública».
Cliente:	¿Y los testigos?
Abogado:	No. Los testigos van entrando después. El fiscal comenzará su interrogatorio y, después, lo haré yo. Esa parte la prepararemos después. A propósito, recuerde lo que le dije sobre la vestimenta y la expresión verbal.
Cliente:	Sí, sí. Lo recuerdo.
Abogado:	Luego, viene la prueba testifical. Lo mismo, el fiscal interroga a los testigos y, a continuación, lo hago yo. Después, comenzaré yo el interrogatorio de los testigos que presentamos nosotros y el fiscal en segundo lugar.
Cliente:	Después es la documental, ¿verdad?
Abogado:	No. Primero se practica la pericial. En su caso, no habrá médico forense ni psiquiatra... sólo el experto en balística y la prueba dactiloscópica. Inmediatamente, solicitaremos la lectura de los documentos que hemos presentado. Terminada la fase de pruebas, el juez nos preguntará al fiscal y a mí si mantenemos las conclusiones y la calificación jurídica —para elevarla a definitiva— o si deseamos modificarla...

Luego, la acusación y la defensa expondremos nuestros argumentos y, por último, el juez preguntará si deseamos añadir algo más y pronunciará la fórmula «Visto para sentencia, despejen la sala». Una vez que se haya ido el público, nosotros firmaremos el Acta del Juicio.

Cliente: ¿Cuánto tiempo tardará la sesión?

Abogado: Depende... Pero, usted debe mantener la calma y controlar la expresión gestual durante todo el rato.

Cliente: ¿Cuándo sabremos la sentencia?

Abogado: Normalmente tardan tres o cuatro días.

Cliente: ¿Cree que tendremos que recurrirla?

Abogado: No creo que haya que hacerlo.

Cliente: In dubio pro reo, ¿no? Muchas gracias.

1. *Para leer y comprender*

a) Establezca el orden correcto de las fases del juicio oral y anote el desarrollo de cada una.

1. Prueba pericial.
2. Prueba testifical.
3. Previa.
4. Prueba documental.
5. Calificación e informe final.
6. Interrogatorio de acusados.

b) Indique el sentido y el momento en que se usan las fórmulas siguientes:

— In dubio pro reo.
— Despejen la sala.
— Audiencia pública.
— Visto para sentencia.
— Juicio a puerta cerrada.

c) Conteste a las preguntas:

1. ¿Qué indica la petición fiscal?
2. ¿Qué supone dar la conformidad?
3. ¿Quiénes intervienen en la fase de prueba testifical?
4. ¿Cómo se llaman los expertos que se citan para informar sobre aspectos técnicos?
5. ¿Qué información proporciona la balística y la dactiloscopia?

d) Reflexionen en voz alta sobre la importancia de los siguientes aspectos:

— Expresión oral.
— Comunicación no verbal.
— Vestimenta.

2. Para hablar

a) *Estudien el dibujo de la Sala del Juicio y pregunten a sus compañeros sobre la colocación de los intervinientes.*

Recuerden:

A la derecha (de)	En el centro	Entre	Cerca de	Enfrente (de)
A la izquierda (de)	Al lado (de)	Detrás (de)	Junto a	Delante de

---

b) *Preparen una de las conversaciones propuestas, teniendo en cuenta los diferentes recursos de comunicación oral, presencial y por teléfono.*

1. Un letrado explica por teléfono a su cliente el desarrollo y las fases del juicio oral.
2. El cliente comenta con un familiar la conversación que acaba de tener con su abogado, utilizando el estilo indirecto.
3. Un estudiante de Derecho formula preguntas a su profesor sobre el juicio oral.
4. Un consejero legal explica a un presunto delincuente las fases o trámites desde la detención hasta el juicio.

Detención - Traslado a comisaría - Información sobre derechos y Notificación al fiscal y al Colegio de Abogados y calabozo - Informe médico - Declaración y Entrevista abogado - Se toman huellas - Traslado al Juzgado de Guardia: libertad sin cargos/libertad provisional/ prisión (incondicional o con fianza) - Diligencias previas - Sumario/ Procedimiento abreviado - Juicio oral - Sentencia - **Recurso.**

---

c) *Comuniquen por gestos a sus compañeros las indicaciones siguientes:*

— Es ahí enfrente.
— Lo siento, no te entiendo.
— Tenga.
— Te llaman por teléfono.
— No sé... No creo que...

— Firme aquí, por favor.
— Un momentito.
— Eso es. Perfecto.
— Perdone.
— ¡Oiga!

3. Para practicar

a) *Redacte en estilo indirecto la conversación entre el abogado y su cliente.*

Puede utilizar:

El Letrado { explicó, advirtió, comentó, recordó, dijo

El cliente { preguntó si..., quiso saber, se interesó por...

b) **Indique el orden correcto de los trámites desde el momento de la detención hasta el final del proceso.**

1. Diligencias previas.
2. Sentencia.
3. Libertad.
4. Recurso.
5. Detención.
6. Traslado a comisaría.
7. Prisión.
8. Declaración en comisaría.
9. Juzgado de guardia.
10. Juicio oral.
11. Procesamiento.
12. Sumario/Pr. Abreviado.

c) **Estudie el esquema del procedimiento de la Ley del Tribunal del Jurado y redacte una nota breve para explicarle a un cliente o a un abogado en prácticas la tramitación y desarrollo del juicio oral con Jurado.**

A cargo del Juez Instructor:
— Fase de Instrucción:
  • Incoacción-traslado de la imputación.
  • Comparecencia-diligencias de investigación.
— Fase Intermedia:
  • Preparación del juicio oral.
  • Audiencia preliminar.
  • Apertura del J.O.
    — Escritos de calificación.
    — Diligencias complementarias.

A cargo del Magistrado Presidente/Jurado:

— Fase de Plenario:
  • Preámbulo: — Cuestiones previas.
              — Auto de hechos justiciables, prueba y señalamiento.
  • J.O.: — Constitución del Jurado.
          — Disolución del Jurado.

— Fase de Decisión:
  — Veredicto — determinación de su objeto
  — Sentencia — audiencia de las partes
              — deliberación y votación
              — devolución del Acta del Jurado

A cargo del Tribunal Supremo o Tribunal Superior de Justicia:
— Fase de Impugnación:
  • Recursos:
    — Apelación
    — Casación

d) **Busque el término legal que corresponde a las palabras siguientes:**

1. Anulación.
2. Presentación.
3. Solicitud de anulación.
4. Formalización proceso.
5. Comienzo de actuación.
6. Dictamen.
7. Refutación/contradicción.
8. Reclamación contra resolución.
9. Designación de fecha.
10. Atribución de culpa o delito.

4. Para terminar

EL JURADO

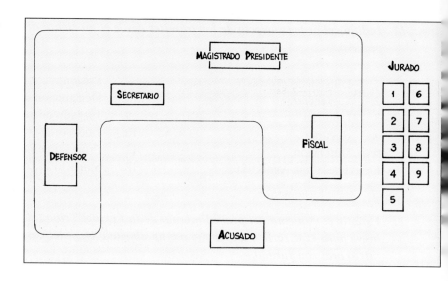

a) **Compare la disposición de la Sala del Juicio con Tribunal y con Jurado y anote las diferencias para comentarlas con su compañero.**

b) **Relacione los titulares con los textos correspondientes.**

c) **Por parejas: preparen y formulen preguntas a los demás grupos sobre los distintos aspectos que presentan los extractos de prensa.**

Usted puede ser jurado

JURADOS

Claridad y convicción, dos de los elementos clave
para el veredicto del juicio

Tradición anglosajona

• Español, mayor de edad; en el pleno derecho de los derechos civiles y políticos, sin incapacidades graves.
• Incompatible con condenas por delitos dolosos; procesados pendientes de juicios o sujetos que sufran alguna detención, prisión provisional o cumplan una pena por delito.
• Compuesto por nueve ciudadanos y dos suplentes. En el día del juicio, el fiscal y las partes pueden recusar a un máximo de tres miembros.
• La condición de jurado es obligatoria y retribuida. 13.000 pesetas diarias de dieta y 10.162 diarias de salario. 23.162 pesetas por cada día de actuación (139,20 euros).
• El veredicto implica un mínimo de siete votos para la condena y cinco para la inocencia. El magistrado según el veredicto absuelve o impone la pena.
• Funcionará en las Audiencias Provinciales para delitos de corrupción de funcionarios, homicidios, asesinatos, cohechos, malversación de caudales públicos, allanamiento de moradas, amenazas, omisión del deber de socorro e incendios forestales.

2

1

BLANCA CIA, **Barcelona**
El psiquiatra que testificaba se refirió al test DSM-3. Los 11 miembros del jurado —nueve más los dos suplentes— pusieron cara de estupefacción. Ninguno de ellos sabía que se trataba de una clasificación técnica de los trastornos de la personalidad. Poco después, cuando el fiscal habló de «la inimputabilidad del acusado», volvieron a verse caras de desorientación entre los miembros del jurado.

3

Un lenguaje claro, sencillo y, sobre todo, ausente de términos jurídicos-legales es determinante para que un jurado entienda bien y pueda desarrollar su función. Y la convicción que empleen fiscales y abogados en su actuación será decisiva para el veredicto.

A la vista de estos y otros ejemplos, tanto los magistrados como el jurado llegaron a una conclusión unánime: la claridad, la naturalidad y la convicción van a ser elementos indispensables para el buen funcionamiento del jurado.

4

La nueva Ley del Jurado española parece tener un notable paralelismo con la tradición anglosajona. Países como Estados Unidos, Canadá, Gran Bretaña, Australia, Bélgica y los países nórdicos se decantaron por la figura del jurado puro. Una figura, el Petit Jury, formado por doce miembros que dictan su veredicto por unanimidad, que se ha convertido en una de las piedras angulares del concepto moderno de justicia. No en vano se llevan a cabo cerca de 300.000 procesos al año, lo que da idea del compromiso del ciudadano norteamericano en esta peculiar forma de participación en la vida pública.

5

PENA n.f. **1.** Cualquier castigo.—**2.** Sentimiento de tristeza producido por algún suceso desagradable: *Y a la pena de tener que oír tales cosas en su propia casa uniósele la de ver cómo vacilaba la fe de Sancho* (Unamuno).—**3.** Aquello que produce dicho sentimiento.—**4.** Dolor, padecimiento físico.—**5.** Lástima.—**6.** Dificultad. — Der. pen. Castigo impuesto por el estado, en ejecución de una sentencia, al culpable de una infracción penal. (V. parte *encicl.*) || *Pena aflictiva,* la de mayor gravedad, de las de carácter personal, contenida en un código. || *Pena correccional,* cualquiera de las que siguen en gravedad a las más rigurosas o aflictivas. || *Pena del talión,* la que imponía al reo un daño igual al que él había causado. || *Pena pecuniaria,* multa.

DELINCUENTE adj. y n. m. y f. Que delinque: *Quien alterna con delincuentes está muy expuesto a caer en el crimen* (Palacio Valdés).

◆ n. m. y f. *Delincuente habitual,* sujeto varias veces reincidente en su conducta delictiva.

DELITO n. m. (lat. *delictum*). Der. pen. **1.** En sentido amplio, hecho ilícito sancionado por una pena; en sentido estricto, hecho ilícito sancionado por una pena grave. (Si el hecho ilícito está sancionado por una pena leve constituye falta.) [V. parte *encicl.*]—**2.** *Cuerpo del delito,* elemento material de la infracción, que sirve para probar el delito. || *Delito complejo,* el constituido por la infracción de diversos bienes jurídicos mediante hechos diversos.

Crimen y castigo *(Prestuplenie i nakazanie),* novela de Dostoievski (1866). Raskólnikov, estudiante pobre, que siente en sí mismo un poder capaz de ser útil a la humanidad.

CRIMINOLOGÍA n. f. Der. Estudio científico del conjunto del fenómeno criminal.

— ENCICL. La criminología apareció en el s. XVIII, pero hasta el s. XIX no se aplicaron sistemáticamente los métodos de observación científica al crimen, con vistas a determinar las causas de la criminalidad. Mientras que la escuela italiana (Lombroso, Garofaro, Ferri) pretende encontrar la causa profunda de la delincuencia en las anomalías de los individuos, la escuela francobelga (Durkheim, Guerry, Joly, Lacassagne, Quételet, Saleilles, Tarde) denuncia la influencia del medio social, verdadero «caldo de cultivo de la criminalidad».

La influencia de la criminología en la evolución del derecho penal ha sido considerable. Desde el s. XVIII la noción de prevención individual sustituyó a la de prevención colectiva, de lo que resultó una lenificación de las penas. En los ss. XIX y XX, se atenuó la importancia de la noción de responsabilidad moral, especialmente en lo que se refiere a los menores y a los irresponsables, se flexibilizó el principio de legalidad de las penas (libertad anticipada, libertad condicional), aparecieron las prórrogas en la ejecución de las penas, y se introdujeron en el régimen penitenciario los métodos de desintoxicación, de reeducación, de formación profesional y de readaptación social, cuyo objeto no es exclusivamente castigar sino cada vez más corregir al delincuente. La pena dejó de ser un fin en sí misma y se propuso impedir la realización o la reincidencia de las infracciones.

CRIMEN n. m. (lat. *crimen*). **1.** Infracción grave del orden jurídico o moral.—**2.** Delito grave. (V. parte *encicl.*).—**3.** *Crimen de lesa majestad,* delito de lesa majestad.

— Der. intern. *Crimen contra la humanidad,* violación de las reglas de derecho internacional sancionada penalmente por los gobiernos de los estados (deportaciones, exterminio, genocidio). || *Crimen contra la*

paz, violación de las reglas que establecen la paz. || *Crimen de guerra,* violación de las leyes y costumbres de la guerra. || *Crimen internacional,* crimen de guerra, contra la paz o la humanidad, definido en 1945 por el consejo general de las Naciones unidas.

VÍCTIMA n. f. (lat. *victimam*). **1.** Persona o animal destinado al sacrificio para satisfacer a los dioses.—**2.** *Fig.* Persona que sufre las consecuencias de una acción propia o de otros: *Para asegurar la subsistencia de estas víctimas de la política, se fundó una increíble muchedumbre de monasterios* (Jovellanos).—**3.** *Fig.* Persona que muere o sufre un grave daño en un accidente, desastre, etc.: *Víctimas de un terremoto.*

— Ant. rom. *Víctima artificial,* figura de terracota que representaba un animal y que se ofrecía a los dioses a falta de otras víctimas.

VICTIMAR v. tr. [1]. Matar, asesinar.

VICTIMARIO, A n. **1.** Asesino, que mata.—**2.** Persona que por sus acciones o modo de actuar produce daño o perjuicio a otra, convirtiéndola en su víctima.

◆ **victimario** n. m. Ministro de sacrificios, encargado de matar a la víctima.

CRIMINACIÓN n. f. Acción y efecto de criminar.

CRIMINAL adj. (lat. *criminalem*). Perteneciente o relativo al crimen o que toma origen de él: *La madrastra, atizada por sus instintos criminales, concebía, incluso, la siniestra idea de encerrar al niño en un arca* (M. Delibes).

— Der. pen. Dícese de las leyes, institutos o acciones destinados a perseguir y castigar los crímenes. (→ derecho PENAL).

◆ adj. y n. m. y f. Que ha cometido o procurado cometer un crimen: *Sabía que me buscaban, furiosos de que les disparé, y que decían que yo era un criminal* (R. Sánchez Mazas).

◆ n. m. Der. intern. *Criminal de guerra,* persona que comete un acto contrario a las leyes y costumbres de la guerra.

CRIMINALIDAD n. f. **1.** Calidad o circunstancia que hace que una acción sea criminosa.—**2.** Cómputo de los crímenes cometidos en un territorio y tiempo determinados.

CRIMINALISTA n. m. y f. y adj. Der. **1.** Persona dedicada al estudio de las materias criminales o penales.—**2.** Abogado que se dedica a asuntos penales. — **3.** Oficial o auxiliar de la administración de justicia que interviene en el procedimiento criminal.

CRIMINAR v. tr. [1]. Inculpar, acusar, censurar: *Cómo eres de mal pensado, Lucas. Todavía no se te quita lo de andar criminando gente* (J. Rulfo).

CRIMINOGÉNESIS n. f. Der. Estudio científico del descubrimiento de las causas criminales y, más generalmente, de los factores de la delincuencia.

PENOLOGÍA n. f. Der. Ciencia que estudia los diversos medios de represión y prevención de los delitos (penas y medidas de seguridad), así como su ejecución y la actuación pospenitenciaria. (Una parte de la penología es la ciencia penitenciaria, que estudia la organización y aplicación de las penas dirigidas a la corrección del delincuente.)

CRIMINOLÓGICO, A adj. Perteneciente o relativo a la criminología.

CRIMINÓLOGO, A n. y adj. Especialista en criminología.

CRIMINOSO, A adj. (lat. *criminosum*). Criminal.

◆ n. Delincuente o reo.

1. Para leer y comprender

a) **Organice por orden alfabético el Diccionario básico de Criminología.**

b) **Anote el Objeto de la Criminología y el de la Penología, así como la relación entre ambas ciencias.**

c) **Complete el cuadro siguiente:**

Acto	Actor	Verbo	Adjetivo
castigar			
control social			
crimen			
			criminoso
		delinquir	
	infractor		
			penal
prevención			
		reprimir	
	victimario		

2. Para hablar

a) **Estudie los datos estadísticos de la criminalidad y prepare una exposición oral, desglosando la información por sexo, grupos y subgrupos de delitos.**
También, puede preparar un estudio comparativo de la tasa de criminalidad en otros países, según la estadística secuencial y sistemática elaborada por las instancias policial, judicial y penitenciaria.

Delitos contra					
La propiedad	%	Las personas	%	La salud pública	%
Mujeres: Robos Con violencia Con fuerza Hurtos Estafas	87 17 70 12 5	Homicidios Lesiones	0 0,89		1
Hombres: Robos Con violencia Con fuerza Hurtos Estafas	4 1 3 2 0,79	Homicidios Lesiones	1,01 7,90		6

b) **En grupos: comenten con sus compañeros los sucesos:**

— tipo de delito   — víctima
— delincuente   — otros detalles

Los peritos consideran que fue un error el traslado de los vestigios

Los cuatro expertos que han participado en la elaboración del informe establecieron por unanimidad las conclusiones finales, que afirman que lo destruido vale más de lo que dice el Ayuntamiento de Madrid. Con este dictamen en la mano, el fiscal decidirá ahora si hay motivos de delito y, por lo tanto, si sigue adelante con la acusación.

Un hombre hiere con unas tijeras a su compañera y abusa de ella

P. ÁLVAREZ, **Madrid**
Un hombre fue detenido ayer como presunto autor de un delito de agresión sexual contra su compañera.

Un faro roto lleva hasta los autores de un atropello mortal sin testigos

P. Á., **Madrid**
Unos trozos de cristal y los restos del piloto delantero izquierdo de un coche han llevado a la policía hasta los autores de un atropello mortal que nadie vio. Se dieron a la fuga el pasado día 1, tras arrollar a las 5.00 a un hombre en el paseo de Santa María de la Cabeza.

Tras el suceso, la víctima, muerta, quedó tendida sobre las líneas blancas de un paso de cebra, los presuntos autores pisaron fuerte el acelerador, y la policía se puso a investigar. No había testigos del atropello, y la única pista eran unos trozos de cristal y un piloto roto del coche. Estos restos llevaron a la siguiente conclusión: se trataba de un coche de la marca Audi, modelo A-3.

Denuncias ante la policía por cobro abusivo y gestiones de legalización erróneas

ANA ALFAGEME, **Madrid**
Varias autodenominadas «asesorías internacionales» y despachos con sede en Madrid cobran por legalizar a los inmigrantes sin papeles ocultándoles las dificultades reales de convertirse en ciudadanos regularizados, para, creándoles falsas expectativas, sacarles el dinero.

3. Para practicar

a) Reformule las frases siguientes en voz pasiva.

1. Alguien está robando tu coche.
2. Los ladrones se llevaron todos los objetos de plata de la casa.
3. Está en tratamiento por violación y abusos deshonestos.
4. Estaba acusado de robo con intimidación. El juicio fue ayer.
5. La tasa de población víctima de algún delito se eleva al 12%.

b) Escriba de otra manera las palabras en cursiva:

1. El *cinco por ciento* de la población reclusa tiene menos de *veinte años*.
2. Hay una tasa de recincidencia del *20%*.
3. La delincuencia contra las personas es la más alta: *un sesenta y tres por ciento*.
4. En cambio, contra la salud pública es sólo de un *6%*.
5. La criminalidad media ha sido de *550 a 600* delincuentes por cada *100.000* habitantes.

c) **Relacione las técnicas de investigación criminológica con los ejemplos:**

1. Estadística	a) análisis, exploraciones
2. Biológicas	b) biografías de criminales
3. Biotipológicas	c) estudios de campo
4. Antropológicas	d) tests, entrevistas
5. Psicológicas	e) 30%-100.000 h.
6. Médicas	f) estudios corporales
7. Sociológicas	g) dactiloscopia, fotografía
8. Criminalísticas	h) corte antropométrico
9. Clínicas	i) estudios genéticos
10. Biográficas	j) historial clínico

d) **Traduzca a su idioma el Plan de estudios de las carreras de Criminología.**

CRIMINOLOGÍA

Primer Curso
- Introducción a la Criminología
- Sociología General
- Psicología General
- Derecho Penal, parte General
- Derecho Constitucinal
- Historia del Pensamiento Criminológico

Segundo Curso
- Psicopatología Criminal
- Sociología de la Desviación y el Control Social
- Derecho Penal, parte especial
- Medicina Legal y Toxicología
- Derecho Procesal Penal
- Criminalística
- Política Criminal

Tercer Curso
- Métodos y Técnicas de Investigación Social
- Criminología Clínica (cuatrimestral)
- Derecho Penitenciario
- Psiquiatría Forense
- Personalidad y Conducta Antisocial
- Sociología Jurídico-Penal
— **Materias Optativas:**
- Victimología
- Derecho Policial
- Introducción a la Grafología

INVESTIGADORES PRIVADOS

Primer Curso
- Introducción a la Criminología
- Sociología General
- Psicología General
- Derecho Penal, parte General
- Derecho Constitucional
- Historia del Pensamiento Criminológico

Segundo Curso
- Derecho Penal, parte especial
- Derecho Procesal Penal
- Derecho Civil
- Derecho Mercantil
- Medicina Legal y Toxicología
- Criminalística
- Técnica y Práctica de Investigación Privada I
- Derecho del Trabajo y de la Seguridad Social

Tercer Curso
- Psiquiatría Forense
- Técnicas de Investigación Privada II
- Técnicas de Investigación Privada III
- Fotografía para el Investigador Privado
- Complementos Técnicos
- Seguridad
— **Materias Optativas** (matricular una):
- Derecho Policial
- Victimología (cuatrimestral)
- Introducción a la Grafología

4. Para terminar

a) **Localice en el mapa conceptual las respuestas de las siguientes preguntas:**

1. ¿Cuál es el fin de toda pena?
2. ¿Cuál es la finalidad de las instituciones penitenciarias?

3. ¿En qué situación se puede encontrar un preso?
4. ¿Cuántos tipos de establecimientos penitenciarios hay?
5. ¿Cuáles son los regímenes de éstos?

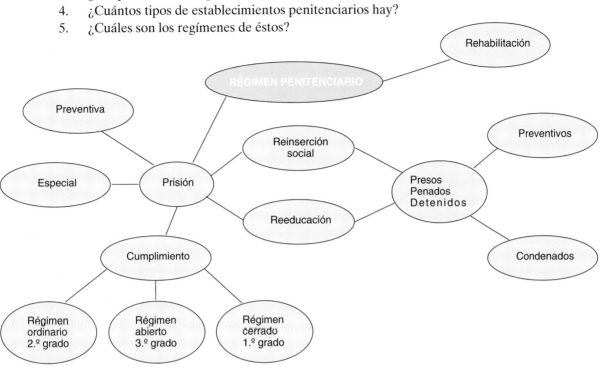

b) *Lea el extracto del Atestado y verifique en el dibujo los detalles del Acta de Inspección Ocular.*

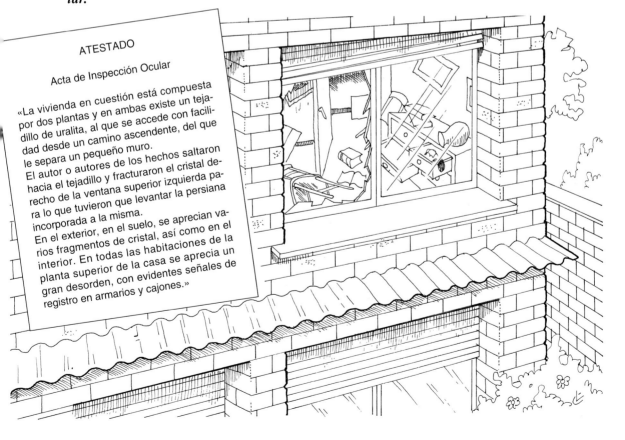

ATESTADO

Acta de Inspección Ocular

«La vivienda en cuestión está compuesta por dos plantas y en ambas existe un tejadillo de uralita, al que se accede con facilidad desde un camino ascendente, del que le separa un pequeño muro.
El autor o autores de los hechos saltaron hacia el tejadillo y fracturaron el cristal derecho de la ventana superior izquierda para lo que tuvieron que levantar la persiana incorporada a la misma.
En el exterior, en el suelo, se aprecian varios fragmentos de cristal, así como en el interior. En todas las habitaciones de la planta superior de la casa se aprecia un gran desorden, con evidentes señales de registro en armarios y cajones.»

6

Derecho Privado: Civil y Mercantil

A DERECHO CIVIL

En sentido amplio, Derecho Civil equivale a Derecho Privado y, en sentido estricto, *es la parte del derecho privado que regula todo lo referente a los intereses de los ciudadanos particulares: estado y capacidad de las personas, régimen de la familia, condición de los bienes y contratos.*

Sus tres instituciones básicas son la propiedad, el contrato y el testamento, cuyas reglas y normas se contienen en el Código Civil.

Los 1.976 artículos del Código Civil español se dividen según la siguiente estructura:

— Título Preliminar.
— Libro I: De las personas.
— Libro II: De los bienes, de la propiedad y de sus modificaciones.
— Libro III: De los diferentes modos de adquirir la propiedad.
— Libro IV: De las obligaciones y contratos.
— Una disposición final, 13 transitorias y 3 adicionales.

El contenido y objeto del Derecho Civil se fundamenta en siete principios básicos: personalidad, autonomía de la voluntad, libertad de estipular negocios jurídicos, propiedad individual, intangibilidad familiar, legitimidad de la herencia y el derecho de testar, y solidaridad social. Estos principios están comprendidos en los derechos:

• Personales: protección del nombre, imagen, etc.
• De obligación: constitución de situaciones jurídicas para la consecución de fines civiles o económicos.
• Asociativos: constitución de entes colectivos y personas jurídicas privadas.
• Reales: relativos a la posesión y propiedad.
• De familia: constitución del matrimonio, relaciones entre los cónyuges y entre ascendientes y descendientes.
• De sucesión: transferencia de bienes a causa de herencia.

1. Para leer y comprender

a) Confirme o corrija las afirmaciones siguientes:

1. El Derecho Civil regula situaciones jurídicas de personas, bienes y actos.
2. La persona es sujeto de derecho y de obligación.
3. Se es persona pero la personalidad se tiene.
4. El matrimonio está considerado en los derechos asociativos.
5. Mediante el testamento se ejerce el poder de transmitir bienes.

b) Proponga una definición para los conceptos siguientes, según el ejemplo: el matrimonio es una institución social que consiste en la unión de dos personas de distinto sexo, para establecer una comunidad de vida, sexual y económica.

— contrato
— propiedad
— testamento
— intangibilidad

— herencia
— disposición transitoria
— derechos de sucesión
— protección de la imagen

c) ¿Qué respondería si le preguntasen?

1. ¿Me puede facilitar los datos para el Registro Civil?
2. ¿Estado civil? ¿Soltero, casado, viudo, divorcidado, separado?
3. ¿Matrimonio civil o canónico?
4. ¿El juicio es en la jurisdicción civil o militar?
5. ¿Cuándo empieza realmente el año civil?

2. Para hablar

a) Individualmente, anote sus hipótesis sobre la función que cumplen los distintos registros y, por parejas, comenten sus conclusiones.

b) Por parejas: preparen la conversación sobre las posibilidades de aplicar la ley personal.

A

- ¿Qué es la ley personal?
- ¿Cuál se aplica en los casos de doble nacionalidad?
- ¿Y en los casos de sucesión por causa de muerte?
- ¿Y cuándo se trata de personas jurídicas (fundaciones, asociaciones, sociedades mercantiles, etc.)?

B

— La que corresponde a la nacionalidad.
— La que regulen los tratados.
— La ley nacional del difunto.
— La de su nacionalidad, en lo que se refiere a su capacidad, constitución, funcionamiento y extinción.

3. *Para practicar*

a) *El Registro Civil.*

1. Estudie el cuadro sinóptico y conteste a las preguntas.

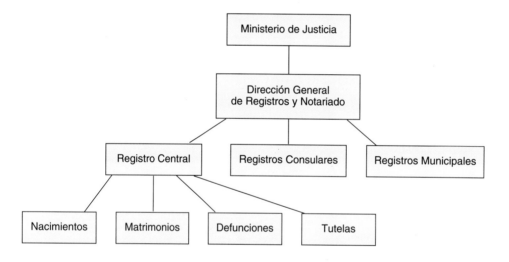

1.1. ¿Qué función tiene el Registro Civil?
1.2. ¿De quién depende?
1.3. ¿Cómo está organizado?
1.4. ¿Cuántas secciones tiene?

2. Anote a qué secciones del Registro Civil corresponden los datos siguientes:

2.1. Nombre, sexo, fecha.
2.2. Muerte de las personas.
2.3. Filiación.
2.4. Representaciones legales.
2.5. Nacionalidad y vecindad.
2.6. Civil o canónico (validez, nulidad, separación, divorcio).
2.7. Patria potestad y emancipación.

b) **Lea las definiciones sobre la Sucesión Testada y busque el correspondiente término: identificación del testador, características, testamentaría, clases de testamento, formalismo, testamento.**

1. Ejecución de lo dispuesto en el testamento.
2. Acto por el cual una persona dispone, para después de su muerte, de todos sus bienes o de parte de ellos.
3. Es un negocio **mortis causa,** una ordenación patrimonial y un negocio de última voluntad.
4. Unidad del acto, presencia de testigos y del notario e identificación del testador.
5. Por conocimiento del notario, de los testigos, por documentos y señas personales.
6. Común (ológrafo, abierto y cerrado) y especial (militar, marítimo o hecho en un país extranjero).

c) **Anote el vocabulario nuevo que ha aprendido en esta sección y clasifíquelo de acuerdo con los siguientes criterios:**

1. Alfabéticamente: ....

2. Nombres: ....
   Verbos: ....
   Adjetivos: ....
   Adverbios: ....

3. Persona: ....
   Objeto: ....
   Documento: ....
   Lugar: ....

4. Para terminar

a) **Por parejas: preparen el diálogo entre el funcionario del Registro Civil y una persona que desea solicitar uno de los certificados del impreso.**

Núm. ....

REGISTRO CIVIL DE MADRID

Solicitud de:
Nacimiento ☐   Matrimonio ☐   Defunción ☐
D.N.I. ☐   Literal ☐   Extracto ☐
Una cruz donde proceda
Día que ocurrió: ....
Registro Civil o lugar donde ocurrió: ....
....
Tomo .... Pág. ....
1.er Apellido: ....
2.º Apellido: ....
Nombre: ....
Recogida: Día .... Hora ....
CADUCA A LOS DOS MESES

R. C. U. - Mod. 001

b) **¿Podría indicar las diferencias entre los diferentes documentos de entrada y salida de extranjeros?**

— Pasaporte: individual o colectivo ....
— Documento Nacional de Identidad ....

— Cédula de identificación ....

— Visado:

    a)   de estancia ....

    b)   de residencia ....

c) **Busquen en la sopa de letras el nombre de los siguientes tipos de visado:**

1. Se concede para atrevesar el país y por menos de siete días.
2. Se concede por un tiempo no superior a 30 días.
3. Se concede a un grupo de extranjeros que participan en un viaje organizado.
4. Se concede para una estancia de 90 días.
5. Permite más de una salida y entrada en el plazo de 90 días.
6. Se concede a las personas relacionadas con los servicios diplomáticos, miembros de asociaciones internacionales, etc.

I	J	A	B	D	R	S	R	T	U	X	A
B	D	A	M	G	E	L	L	X	A	B	C
A	C	S	P	G	D	E	G	S	F	A	M
B	B	O	R	D	I	N	A	R	I	O	T
D	A	E	L	R	S	C	A	B	D	C	R
M	G	L	L	E	E	O	C	A	D	F	A
N	H	T	I	I	C	R	J	O	M	O	N
L	Q	M	M	U	L	T	I	P	L	E	S
B	Q	I	I	B	K	E	I	C	P	E	I
I	J	F	T	N	E	S	U	V	X	A	T
A	J	A	A	Q	D	I	E	E	O	G	O
C	K	D	D	R	X	A	C	A	F	M	H
L	D	O	O	N	C	D	Q	B	G	Z	L
M	M	S	F	B	A	T	V	H	A	J	L

B — SOCIEDADES MERCANTILES

Formas jurídicas: en el cuadro se recogen las diferentes formas que puede adoptar una empresa de acuerdo con su objetivo mercantil. En el caso de las sociedades cooperativas su objeto, en principio, es de carácter social y humano.

Persona física: Empresario individual.
Persona jurídica:
— Sociedades mercantiles:
    • Sociedad Anónima
    • Sociedad Anónima Laboral
    • Sociedad de Responsabilidad Limitada
    • Sociedad Colectiva
    • Sociedad Comanditaria
— Sociedades Cooperativas

Constitución de una sociedad: cuando se ha optado por la constitución de una sociedad, para iniciar una actividad mercantil, hay que cumplir los siguientes requisitos formales para dotarla de personalidad jurídica propia:

	Mercantil	Cooperativa
— Redacción de la escritura de constitución y estatutos	X	X
— Obtención de certificación negativa del Registro General de Sociedades Mercantiles	X	X
— Solicitud de calificación de los estatutos		X
— Otorgamiento ante notario de la escritura pública de constitución y aprobación de los estatutos	X	X
— Liquidación del Impuesto de Transmisiones Patrimoniales y Actos Jurídicos Documentados, correspondiente a la constitución de la sociedad	X	X
— Calificación de la sociedad e inscripción en el Registro de Sociedades Anónimas Laborales (cuando sea este tipo de sociedad)	X	
— Inscripción en el Registro Mercantil	X	
— Inscripción en el Registro General de Cooperativas		X
— Obtención del Código de Identificación Fiscal	X	X

1. Para leer y comprender

a) *Anote las diferentes formas jurídicas de una empresa y formule hipótesis sobre las responsabilidades de cada clase de sociedad. A continuación, compruebe sus hipótesis en la sección de consulta.*

b) *Reflexione sobre los requisitos para constituir una sociedad y complete la ficha-resumen:*

1. Requisitos para una sociedad	Mercantil	Cooperativa
— Trámites		
— Documentos..................................		

2. Busque en el texto el término correspondiente a las siguientes explicaciones:
a) Documento notarial en el cual se levanta acta de un acuerdo.
b) Normativa por la que se rige una sociedad.
c) Perteneciente a los bienes que una persona adquiere hereditariamente de sus ascendientes.
d) C.I.F.

c) *Forme palabras de la misma raíz:*

— sociedad: ....
— mercantil:..
— escritura: ....
— certificación: ....
— estatuto: ....

2. Para hablar

a) **Individualmente, redacten un resumen de las formas jurídicas de las sociedades mercantiles en su país, así como de los requisitos para su constitución. En grupos: compárenlas con las existentes en España.**

b) **Lea el anuncio de la convocatoria, publicación obligada de conformidad con la Ley de Sociedades y conteste oralmente:**

1. ¿Quién debe asistir?
2. ¿Quién hace la convocatoria?
3. ¿Cuándo y dónde se va a celebrar?
4. Puntos de la reunión.

> **BEDA, S. A.**
>
> Se convoca Junta General Extraordinaria de Accionistas en el domicilio social, calle de Peñalara, número 22, el día 28 de abril, a las 10.30 en primera convocatoria, y a las 11.00 en segunda, con el siguiente Orden del Día:
> 1. Examen y aprobación del informe de gestión año 1996.
> 2. Cambio de domicilio social.
> 3. Ruegos y preguntas.
>   El Administrador

c) **Por parejas: estudien el régimen legal de las Sociedades Anónima y Limitada y formulen preguntas a su compañero.**

Alumno A (S. A.)	Conceptos Fundación	Alumno B (S. L.)
Sociedad Anónima	Denominación o razón social	Sociedad Limitada
Dos	N.º mínimo socios	Dos
	Capital: acciones y participaciones	
Acciones negociables	División	Participaciones
No existe	Indice máximo	50.000.000 ptas. (300,506 euros).
25% mínimo	Desembolso	Total
Cada accionista puede suscribir un n.º de acciones proporcional al de las que posea, sin que quede pacto en contra	Aumento	Cada socio: derecho preferente a asumir una parte proporcional a su participación, salvo pacto en contrario
Transmisión libre	Transmisión acciones/participaciones	Participaciones libremente transmisibles, *mortis causa* o inter vivos a otro socio. En las transmisiones a personas extrañas, los socios y la sociedad tienen derecho de opción y tanteo

3. Para practicar

a) **Una parte esencial de la vida de las empresas son las reuniones, de carácter formal o informal. Una reunión informal requiere poca preparación y documentación. Sin embargo, un acto formal exige la notificación de éste a todas aquellas personas que tienen derecho y obligación de asistir mediante el envio de una convocatoria.**

Lea el ejemplo de convocatoria y anote los elementos e información que contiene.

> **Corporación VIAJES AZIMUT, S. A.**
>
> Por acuerdo del Consejo de Administración, celebrado el 2 de diciembre de 1996, se convoca Junta General Extraordinaria de accionistas de la Corporación Viajes Azimut, S. A., para el próximo día 3 de enero de 1997, a las 17.30 horas, en la calle Bernal, número 50, de Madrid, en primera convocatoria, y en segunda convocatoria para el día 4 de enero, a la misma hora, y en el mismo lugar, para decidir sobre el siguiente Orden del Día:
>
> 1. Informe sobre la situación de la sociedad.
> 2. Aprobación de nuevos estatutos sociales.
> 3. Cese y nombramiento de consejeros.
> 4. Ruegos y preguntas.
> En el domicilio indicado, los señores accionistas tienen a su disposición el informe de modificación y los nuevos estatutos de la sociedad.
> Madrid, 15 de noviembre de 1996
> El Presidente del Consejo de Administración

b) **Establezca el orden correcto y el momento apropiado de las fases de una reunión:**

	Antes	En la reunión	Después
1. Redactar borrador del acta............................			
2. Comprobar preparativos			
3. Confirmar fecha..			
4. Tomar notas de los acuerdos........................			
5. Disculpar ausencias			
6. Lectura y aprobación, si procede del acta anterior			
7. Redactar y enviar orden del día....................			
8. Preparar libros de actas, informes, balances, memorias			

c) **Una los términos que se utilizan en las reuniones, columna B, con las definiciones de la columna A.**

A

1. Número mínimo de miembros que han de estar presentes para llevar a cabo un acto.
2. Propuesta presentada por un ponente en un acto.
3. Reglas establecidas por el grupo que organiza la reunión.
4. Decidir continuar el acto otro día.
5. Modificación o alteración de una moción o artículo.
6. Decidir una cuestión mediante el voto de los presentes.
7. Se puede discutir si se trata de un tema de la reunión o dentro de su autoridad.
8. Posponer una reunión sin determinar la fecha.

B

a) aplazar
b) enmienda
c) moción
d) normas de constitución
e) quórum
f) si procede
g) sine die
h) someter a votación

d) **Reflexione y anote las expresiones que utiliza en su idioma en el transcurso de una reunión, y su posible traducción al español, para:**

— comenzar una reunión y clausurar un acto
— moderar el turno de palabra
— exponer sus razones a favor/en contra
— presentar alternativas
— pedir aclaraciones

4. Para terminar

a) **Clasifique cada grupo de expresiones de acuerdo con las funciones siguientes:**

1. Iniciar una reunión.	6. Manifestar reservas/desacuerdo.
2. Concluir una reunión.	7. Pedir/dar opinión.
3. Exponer razones.	8. Sopesar alternativas.
4. Manifestar apoyo/acuerdo.	9. Ceder la palabra.
5. Interrumpir.	10. Indicar objetivos.

a)	Estoy de acuerdo con ustedes pero... Suscribo la propuesta. Coincido plenamente.	*b)*	Me opongo. En parte sí, pero... En líneas generales, estoy de acuerdo. No obstante...
c)	La razón principal es que... Con mi voto en contra porque... Estoy a favor ya que...	*d)*	Quisiera añadir... Si me permiten... Lamento interrumpir.
e)	Me gustaría que nos aclarara... ¿Cuál es su punto de vista? Personalmente, creo que...	*f)*	Señoras y señores... ¿Empezamos? Deberíamos comenzar...
g)	A continuación, tiene la palabra... ¿Es usted tan amable de...? El señor...	*h)*	Como saben, esta reunión De acuerdo con Nos hemos reunido para...
i)	Por tanto, la única solución... Tal vez deberíamos someterlo a votación.	*j)*	Para terminar... En resumen, y antes de finalizar... Permítanme que les resuma...

b) **Busque en el recuadro los términos utilizados en el procedimiento de las votaciones y compruebe las soluciones con las de su compañero.**

1. Un miembro no vota.
2. Votación de viva voz (sí/no).
3. Los miembros levantan la mano para votar.
4. Método de votación con papeles impresos.
5. Todos votan a favor de una opción y no hay abs-
   tenciones.
6. Método para conocer la opinión de una asamblea
   y llegar a una decisión.
7. Voto emitido por el presidente.

C OBLIGACIONES Y CONTRATOS

Obligación: relación jurídica constituída entre dos o más personas, por la que
una persona (acreedor) puede exigir de otra (deudor) una determinada prestación.

Contrato: convención jurídica manifestada en forma legal en virtud de la cual
una o varias personas se obligan en favor de otra u otras al cumplimiento de una
prestación.

Puede dar lugar a diversas situaciones jurídicas:

— crear, modificar o extinguir relaciones obligatorias o crediticias;
— crear un derecho real (hipoteca, prenda);
— producir una transmisión patrimonial (compraventa al contado);
— establecer un vínculo para un futuro contrato (precontrato).

Debido a la complejidad de relaciones que se pueden establecer mediante contratos, hay una gran variedad de tipos y nomenclaturas, entre otras: **de adhesión**
(contratos con entidades bancarias, de transporte, de suministros); **normativos** (colectivos y contratos-tipo. Entre estos últimos están los de seguros, seguros marítimos,
entre editores y autores); **normados** (trabajo, arrendamientos urbanos y rústicos).

En el ámbito internacional, hay que destacar la importancia de los contratos
de compraventa: convención jurídica mutua en virtud de la cual una de las partes
(vendedor) se obliga a entregar bienes o servicios de la calidad y en la cantidad, lugar y plazos pactados, a otra parte (comprador) que debe recibir el suministro y pagar el precio convenido. Por tanto, tiene por objeto la transmisión de dominio de
cosas. Por su naturaleza jurídica este contrato es consensual, bilateral, oneroso y
traslativo de dominio. En cuanto a la forma, puede ser verbal o escrito. Aunque es
preferible un contrato escrito con claridad y en cuya redacción se haga referencia a
una cláusula de los INCOTERMS-1990, o de los RAFTD (Revised American
Foreign Trade Definitions), para evitar conflictos.

En el caso de que se produzcan diferencias importantes en la interpretación o
ejecución del contrato, la práctica más generalizada es intentar un arreglo, una solución amigable o arbitral.

1. Para leer y comprender

a) **Subraye todos los términos semejantes a los de su idioma y compruebe el significado en un diccionario.**

b) **Explique las diferencias entre:**

- obligación/derecho
- obligación/contrato
- acreedor/deudor
- crear/extinguir
- vendedor/comprador

- contrato/precontrato
- contrato colectivo/individual
- contrato normativo/normado
- urbano/rústico
- bienes/servicios

c) **Busque en el texto sinónimos de:**

1. clases ....
2. denominación ....
3. alquiler ....
4. acuerdo ....
5. servicio/trabajo ....
6. lazo/unión ....
7. fianza ....
8. costoso ....

2. Para hablar

a) **Rellene la siguiente ficha-resumen del texto, completándola con sus conocimientos, y haga una breve exposición oral sobre el contrato.**

- definición
- relaciones jurídicas
- tipos de contrato
- compraventa internacional: definición, naturaleza, forma, cláusulas, conflictos y soluciones

b) **Normalmente, toda transacción se lleva a cabo mediante una negociación inteligente, cuyas condiciones pactadas —derechos y obligaciones— quedan recogidas en el correspondiente documento legal: el contrato.**
Debate, en grupo: ¿Qué es la negociación?

Argumentación:
- ¿Arte, técnica o juego?
- El lugar de la agresividad, la intimidación, el chantaje, y la polémica en la negociación.
- Condiciones de un negociador: cualificación, flexibilidad, integridad, motivación, dotes de persuasión y creatividad.

- Factores clave: factor humano, poder, presión, información.
- Factores comunicativos: idioma, comunicación no verbal, diferencias culturales.

3. Para practicar

a) Defina los términos siguientes utilizando un relativo (que, cuyo, cuyas, cuyos, etc.):

1. Precontrato.
2. Compraventa al contado.
3. Contrato de arrendamiento rústico.
4. Plazo.
5. Cláusula.

b) Explique los elementos que han formado las siguientes palabras y su significado:

— compraventa ....
— contrato-tipo ....
— hombres clave ....
— coche-cama ....
— agridulce ....
— hispanobelga ....
— cuenta-vivienda ....
— puertorriqueño ....

c) Redacte de otra manera las siguientes frases:

1. En el caso de que se produzcan diferencias importantes.
2. De acuerdo con las condiciones pactadas.
3. En virtud de la cual una de las partes se obliga.
4. Es la práctica más generalizada.
5. Hay que destacar su importancia.

d) Elija una de las tres sugerencias:

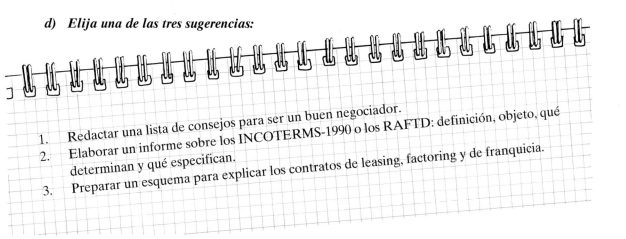

1. Redactar una lista de consejos para ser un buen negociador.
2. Elaborar un informe sobre los INCOTERMS-1990 o los RAFTD: definición, objeto, qué determinan y qué especifican.
3. Preparar un esquema para explicar los contratos de leasing, factoring y de franquicia.

4.   *Para terminar*

a) **Preparen una exposición oral sobre el contrato de compraventa, utilizando el esquema siguiente:**

	Entrega	— lugar — medio de transporte — gastos — riesgos — plazo	INCOTERMS/RAFTD u otras condiciones
Contrato de compraventa	Condiciones generales	Incumplimiento	Conflicto

	Pago	— medios:
		  • cheque
		  • letra
		  • transferencia
			Reclamación

		— forma:
		  • documentaria
		  • no documenaria
			Soluciones

		— fecha:
		  • anticipada
		  • contrareembolso
		  • posterior
		    • a corto plazo
		    • a medio plazo
		    • a largo plazo
			Conciliación
			
			Mediación
			
			Arbitraje

	Otras cláusulas
	  • de reserva de dominio
	  • de penalización
	  • de arbitraje
	  • de derecho aplicable
	  • de tribunal competente
			Procedimiento
			Judicial

b) **Preste atención y diga de qué tipo de contrato están hablando:**

1. ¿Te interesaría construir el edificio si te lo encargo?
2. Se trata de un intercambio mutuo.
3. Me interesa este local. ¿Quién lo alquila?
4. ¿Qué garantía puede ofrecer?
    Tengo un chalet en la sierra y...
5. Se encargan de hacer efectivo el crédito y de todo lo relacionado con el cobro del mismo.
6. No es necesario comprar los bienes de equipo, puedes alquilarlos.
7. Te interesa formalizar el contrato con ese distribuidor.
8. Utilizan la razón social y la marca de una empresa italiana.
9. Tengo que ir a firmar el contrato a mi editorial.
10. El porteador se obliga, a cambio de un precio determinado, a trasladar de un lugar a otro un bien o una persona.

c) **Preparen el diálogo entre el arrendatario y el arrendador para formalizar el contrato de arrendamiento.**

CONTRATO DE ARRENDAMIENTO

6.ª CLASE DE FINCAS URBANAS

0043663

EJEMPLAR PARA EL ARRENDATARIO

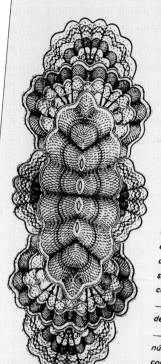

IDENTIFICACION DE LA FINCA OBJETO DEL CONTRATO

Finca, local o piso (1) _____

Calle _____ cto. _____

Ciudad _____ núm. _____

_____ Provincia _____

En _____ , a _____

de _____ de mil novecientos _____ ,

reunidos Don _____ ,

_____ , natural de _____

provincia de _____ ,

_____ , de _____ años, de estado

de _____ , y profesión _____ , vecino al presente

de _____ , con documento nacional

de identidad n.º _____

expedido en _____

con fecha _____

sí o en nombre de _____ en concepto de arrendatario, por

como _____

_____ del mismo (1), y Don _____

de _____ años, de estado _____ , vecino de _____

_____ , con documento nacional de identidad

número _____ , expedido en _____

con fecha _____ , como (2) _____ , hemos

contratado el arrendamiento del inmueble urbano que ha sido identi-

ficado encabezando este contrato, por tiempo de (3)

_____ , y precio de _____

año, pagaderas por _____ pesetas cada

que se estamparán al dorso. _____ , con las demás condiciones

Formalizado así este contrato, y para que conste, lo firmamos por

duplicado. Fecha ut supra.

EL ARRENDATARIO,

EL ARRENDADOR,

Impuesto sobre Transmisiones Patrimoniales y
Actos Jurídicos Documentados.

Título Primero.—Transmisiones Patrimoniales.

Real Decreto legislativo 3.050/1980, de 30 de diciembre (B. O. del E. número 29, de 3 de febrero de 1981).

Artículo 12.1.—Podrá satisfacer la deuda tributaria mediante la utilización de efectos timbrados en los arrendamientos de fincas urbanas, según la siguiente escala:

Base		Pesetas
Hasta	5.000 pesetas	
De 5.000,01 a	10.000 pesetas.	15
De 10.000,01 a	20.000 pesetas.	30
De 20.000,01 a	40.000 pesetas.	65
De 40.000,01 a	80.000 pesetas.	130
De 80.000,01 a	160.000 pesetas.	280
De 160.000,01 a	320.000 pesetas.	560
De 320.000,01 a	640.000 pesetas.	1.200
De 640.000,01 a	1.280.000 pesetas.	2.400
De 1.280.000,01 en adelante, 4 pesetas por cada		5.120
1.000 o fracción.		

Artículo 10.2.e).

En los arrendamientos servirá de base la cantidad total que haya de satisfacerse por todo el período de duración del contrato: cuando no constase aquél, se girará la liquidación computándose seis años, sin perjuicio de las liquidaciones adicionales que deban practicarse, caso de continuar vigente después del expresado período temporal: en los contratos de arrendamiento de fincas urbanas sujetas a prórroga forzosa se computará, como mínimo, un plazo de duración de tres años.

(1) Táchese lo que no proceda.
(2) Expresar el carácter con que interviene, si es Dueño, Apoderado o Administrador.
(3) Determinar el plazo de arrendamiento, si es por meses o años.

7

Asesoramiento jurídico

| A | OBLIGACIONES DEL EMPRESARIO |

ASESORIA JURÍDICO-LABORAL

Empresario: Hola, buenas tardes.

Venía a traerle ya toda la documentación de la constitución de la sociedad para que la revisase. Y me gustaría aclarar algunos aspectos sobre el plan de arranque de las operaciones.

Asesor jurídico: Muy bien. Como ya le había explicado, además de los aspectos económicos: clientes, proveedores, reclutamiento y formación del personal, instalaciones y maquinaria, hay que prestar atención a los financieros y jurídicos... Y, dentro de estos últimos, hay que considerar los mercantiles, fiscales y laborales.

Empresario: ¿Podría concretarlos una vez más?

Asesor jurídico: Veamos... El administrador-gerente de la empresa tiene una serie de obligaciones: mercantiles, laborales y fiscales. Al tratarse de una sociedad anónima, las obligaciones mercantiles son: reunir la Junta General de Accionistas en los seis primeros meses del año para la aprobación de la gestión, balance y cuenta de resultados del ejercicio económico finalizado; llevar un libro de actas del Consejo de Administracion y de la Junta General de Accionistas y un libro de acciones, cuando el capital social se divida en acciones nominativas. Recuerde que los acuerdos societarios, fusiones, incrementos o disminuciones de capital deben ser elevados a escritura pública. Por último, tiene que crear la contabilidad ajustada al Plan General Contable y llevar los libros oficiales obligatorios: diario, el de inventarios y balances, caja, bancos, facturas, nóminas, etc.

Empresario: De las laborales se encarga mi socio. Pero, lo que veo más complicado es el pago de impuestos y tasas...

Asesor jurídico:	En la *Guía para la Creación de Empresas* que le aconsejé en nuestra primera entrevista tiene el cuadro de impuestos, así como los plazos establecidos por la ley.
Empresario.	Sí, aquí la tengo. Mi duda es sobre la obligación de guardar la documentación.
Asesor jurídico:	Bueno... Tiene que conservar los justificantes contables durante cinco años. En cambio, debe guardar la documentación de la maquinaria y de los elementos amortizables durante toda su vida útil y realizar los cuadros de amortización.
Empresario:	Ya... ¿Podría enviarme esta información por escrito?
Asesor jurídico:	Por supuesto. Mañana mismo la tiene en su oficina.

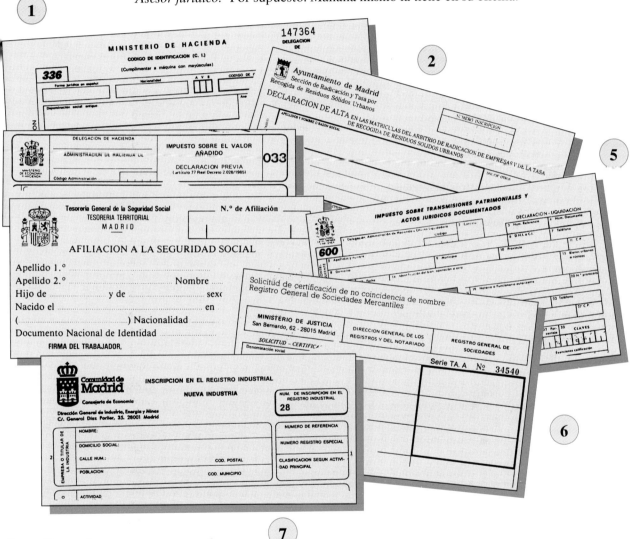

1. Para leer y comprender

a) Identifique los documentos, agrupándolos según la siguiente clasificación:

1. Constitución de la sociedad:..
2. Inicio de la actividad empresarial:...
3. Obligaciones laborales:...
4. Obligaciones fiscales: ....

b) **Subraye las expresiones que se utilizan para:**

— pedir y dar explicaciones
— expresar duda o inseguridad
— recordar obligaciones
— hacer referencia a hechos o situaciones anteriores

c) **Después de leer el diálogo, tome nota para contestar:**

1. Obligaciones del empresario, a partir del comienzo de la actividad de la empresa:................
2. Son obligaciones mercantiles:..
3. Son obligaciones fiscales:..
4. Otras obligaciones:..

d) **Proponga su propia explicación de los términos siguientes, en relación con su importancia para la empresa:**

— proveedor
— reclutamiento y formación del personal
— administrador-gerente
— capital social
— contabilidad

— cliente
— balance y cuenta de resultados
— gestión
— fusión
— nómina

2. *Para hablar*

a) **Formulen preguntas a sus compañeros sobre las explicaciones del ejercicio A.1.d.**

b) **Por parejas: preparen una entrevista entre el asesor jurídico y un joven empresario sobre la creación y puesta en marcha de una empresa en su país o en España.**

> **Recuerden:**
> Sector de actividad
> Forma jurídica
> Formalidades de constitución
> Obligaciones

3. *Para practicar*

a) **Estudie las obligaciones del empresario en materia laboral y redacte un memorando o la traducción para un cliente:**

- Libro de Visitas de la Inspección de Trabajo.
- Altas, bajas y cambios de categoría de los trabajadores en el Libro de Matrícula de Trabajadores.
- Informar al Comité de Empresa.
- Realizar retenciones del IRPF (Impuesto sobre la Renta de las Personas Físicas).
- Cotizar a la Seguridad Social (cuota empresarial y de los trabajadores).
- Notificar a la Seguridad Social las modificaciones: enfermedad, cambio de categoría, prestaciones por maternidad, etc.
- Gestión de bajas por accidente.
- Pago de nóminas.
- Liquidación-finiquito (despido o finalización del contrato).
- Certificado de Ingresos para los trabajadores: ingresos anuales, retenciones y cuotas.
- Servicio Médico de Empresa.
- Normas de Seguridad e Higiene en el Trabajo.

b) ***Complete los ejercicios, después de estudiar los apuntes sobre el Sistema Tributario Español.***

«El Derecho Fiscal regula la ordenación jurídica de la hacienda pública. Comprende dos grupos de normas: sobre la recaudación de los medios económicos y las que disciplinan la gestión y distribución de esos recursos.»

«Para hacer frente al gasto público, el Estado dispone de ingresos efectuados por los contribuyentes: los tributos.»

«Los tributos pueden ser: impuestos, tasas y contribuciones.»

«Impuesto es la prestación pecuniaria requerida a los particulares por vía de autoridad, a título definitivo y sin contrapartida, a fin de cubrir los gastos públicos.

La estructura del impuesto está integrada por los siguientes elementos:
- hecho imponible
- tipo de gravamen
- base imponible
- cuota tributaria»

«Los impuestos pueden ser directos e indirectos; estatales, locales gestionados por el Estado y municipales.»

«Dentro de los estatales están:

* Impuestos Directos	* Impuestos Indirectos
— IRPF	— ITP y Actos Jurídicos Documentados
— Sociedades	— IVA
— Patrimonio	— IIEE
— Sucesiones	— Aduanas»

«Los impuestos municipales o locales son:
- Impuesto sobre circulación de vehículos
- Tasa de alcantarillado
- Tasa de recogida de basuras
- Impuesto sobre el incremento del valor de los terrenos (plusvalía).»

1. Señale las distinciones entre:
    - Derecho Fiscal/Financiero.
    - Tributo/impuesto/tasa/arancel/arbitrio/contribución.
    - Hecho imponible/base imponible.
    - Gravamen/cuota.
    - IRPF/IVA/IIEE.
2. Formule hipótesis sobre el hecho imponible que origina la obligación tributaria de cada uno de los impuestos mencionados:
    - Estatales directos.
    - Estatales indirectos.
    - Municipales.
3. Diseñe un cuadro comparativo entre el Sistema Tributario Español y el de su país.

a) **Lectura en voz alta del Informe del Ejercicio, de la Junta general ordinaria.**

CRISTALERIA ESPAÑOLA, S.A.
JUNTA GENERAL ORDINARIA DE ACCIONISTAS

(celebrada en Madrid el día 23 de junio de 1992)

RESUMEN DEL EJERCICIO

Extracto del Informe del Presidente D. José Luis LEAL MALDONADO

– CRISTALERIA ESPAÑOLA S.A. realizó en 1991 una cifra de negocio de 45.587 millones de pesetas, lo que, a estructura comparable por la escisión de la actividad Fibra de Refuerzo como Sociedad VETROTEX ESPAÑA S.A., representa un descenso del 0,8 por ciento con relación al ejercicio anterior.

– Las exportaciones del conjunto de la Sociedad ascendieron a 3.108 millones de pesetas, con un incremento del 7,4 por ciento sobre el año anterior a estructura comparable. La participación de las exportaciones en la cifra de negocio representa el 7 por ciento.

– El resultado neto social fue de 6.010 millones de pesetas.

– Los recursos generados procedentes de las operaciones de 1991 ascendieron a 10.920 millones de pesetas, lo que representa el 24 por ciento sobre la cifra de negocio.

– La sociedad prosiguió el importante esfuerzo de desarrollo de los años anteriores, realizando unas inversiones industriales de 5.784 millones de pesetas.

– Con la adquisición al Estado portugués del 55% del capital de Covina, Cristalería Española posee desde 1991 la totalidad del capital de esta sociedad portuguesa. Asimismo, Cristalería Española adquirió en 1991 el 40 por ciento de Vidriera Argentina S.A. (Vasa).

DATOS ECONOMICOS DE CRISTALERIA ESPAÑOLA S.A.
(millones de pesetas)

	91	92
Ventas netas	45.587	51.632
Resultado neto	6.010	6.184
Recursos generados	10.920	9.271
Inversiones	5.784	12.088

PRINCIPALES ACUERDOS DE LA JUNTA GENERAL

– Aprobación de las cuentas anuales y del informe de gestión del ejercicio 1991 de la Sociedad Cristalería Española S.A. y de su grupo consolidado, así como de todos los actos y gestiones realizados por el Consejo de Administración.

– Reparto de un dividendo del 22 por ciento, 220 pesetas por acción, para las acciones N.º 1 a 13.119.246, a partir del 1 de julio de 1992.

– Aprobación del Balance consolidado correspondiente al Grupo fiscal 13/78 del que es Sociedad dominante Cristalería Española S.A.

b) **Por parejas: formulen preguntas a su compañero sobre el resumen del ejercicio y los principales acuerdos de la Junta.**

c) **La información sobre una empresa se puede presentar mediante recursos gráficos o visuales. Diga el nombre de las siguientes representaciones gráficas:**

Recuerde los tipos de representaciones:
— de línea
— de barras
— de tarta
— de elementos
— de Gantt

ASAMBLEA GENERAL DE LAS CAJAS DE AHORROS CONFEDERADAS

Durante 1991, el conjunto de las Cajas de Ahorros Confederadas, con 13.874 oficinas y más de 80.000 empleados, han alcanzado 20,9 billones de pesetas en recursos ajenos, el 41 por ciento de mercado. Han obtenido 272.820 millones de pesetas de beneficios que, depués de satisfacer impuestos y dotar resevas, han empleado fundamentalmente en financiar su obra social.

INVERSIONES 1991

Créditos 81%

Valores 19%

DISTRIBUCION DE LA O.B.S. 1991

Area sanitaria 5%   Area de investigación 2%
Area asistencial 23%
Area cultural 51%
Area docente 20%

NUMERO DE CAJEROS AUTOMATICOS EVOLUCION 1985-1991

EVOLUCION DE RECURSOS AJENOS 1985-1991

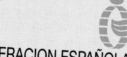

CONFEDERACION ESPAÑOLA DE CAJAS DE AHORROS

B RECLAMACIÓN DE DEUDAS

QUIEBRA

GARANTÍAS

INSOLVENCIA

SUSPENSIÓN DE PAGOS

MOROSOS

TRANSACCIÓN

NOVACIÓN

Empresario: ¿Rafael? Buenos días, soy Jorge Ferrero.

Asesor: ¡Hombre, Jorge! ¿Qué es de tu vida?

Empresario: Bien, bien. Mira, te llamo porque quería pedirte consejo sobre unos casos de morosos que tengo... Y no me gustaría una acción judicial. Así que, ¿qué actuaciones extrajudiciales me propondrías?

Asesor: Si tu deudor es un buen cliente, puedes hacer una reclamación de carácter amistoso. Si alega insolvencia transitoria por falta de liquidez, puedes concederle un aplazamiento o prórroga, siempre que te ofrezca una garantía.

Empresario: Es decir, un nuevo vencimiento para la deuda.

Asesor: Exactamente, la novación de la deuda. También tienes la transacción, mediante concesiones por ambas partes.

Empresario: ¿Y si me decido a una acción judicial?

Asesor: Depende de si se trata de cheque, pagaré o letra de cambio... Ante todo hay que acreditar el impago y realizar un protesto ante notario. Y ya sabes... para plantear un juicio hay que tener en cuenta el importe de la deuda. Es decir, juicio ejecutivo hasta cincuenta mil (300,50 euros) y declarativo, de mayor o menor cuantía.

Empresario: Mayor cuantía es la deuda superior a cien millones de pesetas (601.012 euros), ¿no?

Asesor: Exactamente. Y de menor cuantía, de quinientas mil a cien millones de pesetas (de 300,50 a 601.012 euros) o su equivalente en moneda extranjera.

Empresario: Te agradezco la información y te llamaré para comunicarte mi decisión.

Asesor: Hasta cuando quieras pero, la próxima vez, debes informarte de la solvencia de tus clientes o incluir una cláusula penal en el contrato, como garantía.

Empresario: Los casos de mora que tengo ahora son de venta a plazos.

Asesor: Entonces, deberías haber hecho un seguro de crédito o haber pactado reserva de dominio en el contrato, con lo cual, aunque hayas entregado la mercancía, sigues conservando la propiedad.

Empresario: Ya... Bueno, gracias.

1.   Para leer y comprender

a)   Anote los términos o expresiones que no conoce y trate de averiguar el sentido por el contexto.

b)   Resuma la conversación:

   — tema principal
   — problemas planteados
   — posibles vías de actuación
   — soluciones y sugerencias del asesor
   — aspectos que hay que tener en cuenta
   — formas de prevenir impagados

c)   Clasifique los términos y complete el cuadro, cuando sea posible:

	persona	estado/situación	documento	+	-
Quiebra............................		X			X
Solvencia.........................					
Liquidez...........................					
Deudor moroso.................					
Cheque devuelto...............					
Acreedor..........................					
Cláusula penal.................					
Notario............................					
Suspensión de pagos.........					

2. Para hablar

a) Formulen preguntas a sus compañeros sobre las diferencias entre:

— novación de deuda/transacción
— acciones judiciales/actuaciones extrajudiciales
— liquidez/insolvencia
— quiebra/suspensión de pagos
— acreedor/deudor
— juicio ejecutivo/declarativo
— mayor cuantía/menor cuantía

b) Por parejas: preparen un diálogo en el cual el empresario le comenta a su socio la conversación que acaba de tener con el asesor jurídico, utilizando el estilo indirecto.

3. Para practicar

a) Lea la disposición adicional de un contrato y subraye las fórmulas legales que indican obligación o responsabilidad. A continuación, busque su significado en un diccionario técnico.

DISPOSICIÓN ADICIONAL

En el caso de que el COMPRADOR incumpliera con las condiciones estipuladas en el presente contrato de adquirir un mínimo de 200 ordenadores, vendrá obligado en compensación de los daños y perjuicios ocasionados al fabricante español, a abonar una indemnización de XXXX euros, por cada ordenador que dejase de comprar, en concepto de CLAUSULA PENAL.

La indemnización deberá ser pagada por el COMPRADOR en el plazo máximo de UN MES, a partir del requerimiento fehaciente que le fuera notificado con tal objeto.

Todos los gastos, tanto judiciales como extrajudiciales que se devengasen, como consecuencia de la reclamación hecha por el VENDEDOR al COMPRADOR de las indemnizaciones aquí pactadas, serán asumidas íntegramente por el COMPRADOR.

b) **Relacione las definiciones con los conceptos siguientes: activo, suspensión de pagos, pasivo, quiebra, insolvencia, protesto.**

1. Situación de una empresa que, aun teniendo un activo superior al pasivo frente a terceros no puede cumplir sus obligaciones de pago. Estipula el acuerdo entre empresa y acreedores de aplazamiento de pago o quita hasta que la empresa supere los problemas y el deudor tenga la suficiente liquidez.

2. Estado legal aplicable a una empresa que no puede cumplir sus obligaciones, puesto que su pasivo supera a su activo. Conlleva la liquidación del patrimonio y el reparto de éste entre sus acreedores, salvo otro acuerdo entre las partes.

3. Acto mediante el cual un notario da fe del impago de un documento a su debido vencimiento. El titular del documento puede iniciar un procedimiento ejecutivo contra el aceptante por daños y perjuicios incluidos.

4. Conjunto de bienes y derechos poseídos por una persona física o jurídica, que pueden ser valorados en dinero.

5. Incapacidad económica de una empresa para satisfacer la totalidad o parte de sus deudas u obligaciones.

6. Cantidad que señala las deudas que posee una empresa.

c) **Exprese las cifras de otra manera:**

— El activo total de la empresa asciende a 3.356.567.
— El beneficio antes de impuestos es de 5.023 M.
— El beneficio bruto es de cuarenta y cinco mil millones.
— Se aprobó un dividendo de doscientas pesetas (1,20 euros) por acción.
— La deuda supera los quinientos millones.

d) **Consulte un manual técnico y redacte un informe sobre la quiebra: circunstancias, declaración, procedimiento y órganos de la quiebra; efectos sobre los acreedores y sobre el quebrado; gastos y costas; liquidación y reparto; intervención administrativa, etc.**

4. Para terminar

a) **Lea los textos e indique cuál corresponde a la definición de cheque, normativa vigente, acciones por impago o tipos de cheque:**

1. La necesidad de adaptar la normativa española a la de otros países de la CEE, llevó a la promulgación de la Ley de Letras de Cambio, Pagarés y Cheques que entró en vigor el 1 de enero de 1986.

2. Existen varios tipos:
   — al portador: lo puede cobrar cualquier persona que lo presente en la ventanilla del banco;
   — nominativo: sólo puede hacerse efectivo al beneficiario cuyo nombre figura en el cheque;
   — cruzado o barrado: sólo se puede cobrar mediante ingreso en una cuenta bancaria; en el cheque se trazan dos líneas diagonales, con la abreviatura «y Cía».

3. Orden de pago dada por una persona física o jurídica (librador), por la que se autoriza a retirar en su provecho o en el de un tercero (tomador o tenedor) todos o parte de los fondos disponibles que posea en la entidad bancaria (librado).

4. Para acreditar el impago el acreedor puede realizar un protesto ante notario; solicitar una declaración del banco, firmada y fechada, escrita en el propio cheque; solicitar declaración en el mismo sentido de la Cámara de Compensación.

b) *Estudie el modelo de cheque e indique las partes corespondientes a:*

— tipo de cheque
— cantidad (en número y letra)
— n.º de cuenta
— tenedor
— fecha (en letra)
— n.º de cheque
— firma
— librado

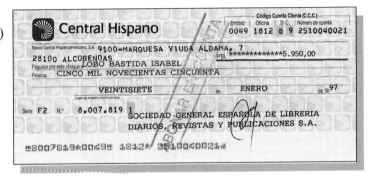

c) *La letra de cambio es uno de los instrumentos crediticios más importantes y debe cumplir los siguientes requisitos: llevar la denominación de letra de cambio; mandato de pagar una suma determinada; el nombre de la persona que ha de pagar (librador); la indicación vencimiento (a fecha fija o a la vista); el lugar en que se ha de efectuar el pago; la fecha y el lugar en que se libra y la firma del que emite la letra (librador).*

1. Indique en la letra de cambio los requisitos que acaba de leer.
2. ¿Podría decir como se llama...?
   — la operación por la cual el tomador transmite la letra a otra persona, cediendo su derecho al cobro;
   — la persona que traspasa el derecho;
   — la persona que recibe el derecho.

— **Propiedad Industrial**
  • **Patentes**
  • **Marcas**
  • **Modelos de utilidad**
  • **Modelos y dibujos industriales**
  • **Nombres comerciales**
  • **Rótulos de establecimiento**

— **Propiedad Intelectual**
  • **Derechos de autor**
  • **Derechos afines**

a) Derecho que se concede a una persona para la explotación en exclusiva de un invento, con determinadas limitaciones.

b) La que adquiere el inventor o descubridor sobre un invento, relacionado con la industria o el comercio.

c) Sirve para identificar a una persona física o jurídica en el ejercicio de su actividad empresarial, distinguiéndola de las actividades idénticas o similares.

d) Conjunto de derechos que el autor de una obra intelectual tiene sobre ésta y que hacen referencia a su publicación y reproducción.

e) Es el signo o denominación que sirve para dar a conocer al público un establecimiento y para distinguirlo de otros destinados a actividades idénticas o similares.

f) Invenciones que, siendo nuevas e implicando una actividad inventiva, consisten en dar a un objeto una constitución, configuración o estructura de la que derive una ventaja práctica apreciable para su uso o fabricación.

g) Objeto que puede servir de tipo para la fabricación de un producto. Y toda disposición o conjunto de líneas o colores aplicables con un fin comercial a la ornamentación de un producto.

h) Signo o medio que distingue o sirve para distinguir en el mercado productos o servicios de una persona de los productos o servicios idénticos o similares de otra persona.

1. Para leer y comprender

a) **Relacione cada uno de los párrafos con los términos siguientes:**

1. Propiedad intelectual.
2. Propiedad industrial.
3. Patentes.
4. Modelos de utilidad.
5. Marcas.
6. Modelos y dibujos industriales.
7. Nombres comerciales.
8. Rótulos de establecimiento.

b) **Anote sus hipótesis sobre la noción de «derechos afines».**

c) **¿A qué hacen referencia las siguientes características?:**

1. «Distinguir en el mercado».
2. «Distinguir un establecimiento de otro».
3. «En exclusiva».
4. «Derecho sobre un invento».
5. «Presenta una ventaja práctica».

2. Para hablar

a) **Reflexione y anote diversos ejemplos de propiedad intelectual, industrial y derechos afines. Compare y comente su lista con sus compañeros.**

b) **Comenten casos famosos que recuerden de litigios por utilización de determinadas marcas, como los ejemplos:**

MARLBORO: una empresa de pantalones vaqueros vendía sus prendas con esta marca, que en España no era propiedad de la firma americana. MARLBORO tuvo que pactar la creación de una sociedad conjunta.
GORDON'S: acusa a LARIOS de copiar su etiqueta. Pierde el pleito ante los tribunales.
PUMA: una empresa española tiene registrada la marca. PUMA optó por adquirir la empresa española.

c) **Por parejas: estudien las marcas y expongan lo que les sugiere cada uno de los logotipos y mensajes. A continuación, diseñen un logotipo para su despacho internacional de asesoría jurídica.**

3. Para practicar

a) **Completen el texto con los siguientes términos: grabación, ingresos, bruto, artistas-intérpretes, cifra, creación, copyright, afines, radiodifusión, euros.**

«Los derechos de autor y los derechos afines suponen anualmente una .... de negocios del orden de 150.000 a 250.000 millones de ...., es decir, del 3 al 5% del producto interior .... de la Comunidad.

Los derechos .... son derechos comparables al derecho de autor que garantizan unos .... por actividades realizadas por determinadas categorías de personas o empresas que contribuyen a la .... cultural.

Así, la convención internacional de Roma especifica que los .... o ejecutantes tienen el derecho a oponerse a la radiodifusión, la comunicación al público, la .... o la reproducción de sus prestaciones, u obtener una remuneración por tal motivo. Lo mismo sucede con los productores de fonogramas y con los organismos de ...., que disfrutan del derecho de autorizar o prohibir la emisión de sus producciones. De hecho, en muchos estados miembros de la Unión Europea se emplea la noción única de .... para cubrir los dos ámbitos de protección.

b) Redacte una lista de consejos e instrucciones para evitar problemas en el registro de marcas:

1. Investigar en el Registro Mercantil y en la Oficina de Patentes y Marcas por si...
2. Registrar la marca lo antes posible para...
3. Utilizar el Registro Internacional y la Oficina Europea de Armonización del Mercado Interior (OAMI) si...
4. Negociar antes de tener que...
5. Suscribirse al Boletín Oficial de la Propiedad Industrial para poder...

c) Los siguientes prefijos se suelen utilizar para crear marcas, describir productos o servicios. Indique el valor o matiz que aportan.

ANTI-	MEGA-	OMNI-
BI-	RE-	PAN-
INTER-	SUPER-	ULTRA-
MULTI-	POLI-	ECO-
EURO-	ANA-	HIPER

d) Elabore un informe sobre las posibilidades de efectuar consultas sobre patentes y marcas, a partir del folleto que le ha enviado la Oficina Española de Patentes y Marcas.

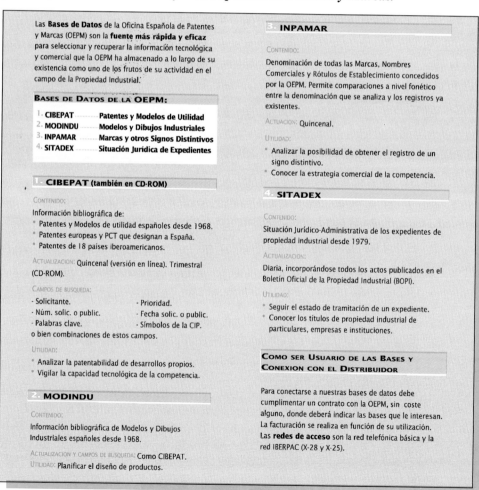

Las **Bases de Datos** de la Oficina Española de Patentes y Marcas (OEPM) son la **fuente más rápida y eficaz** para seleccionar y recuperar la información tecnológica y comercial que la OEPM ha almacenado a lo largo de su existencia como uno de los frutos de su actividad en el campo de la Propiedad Industrial.

BASES DE DATOS DE LA OEPM:

1. CIBEPAT .... Patentes y Modelos de Utilidad
2. MODINDU .... Modelos y Dibujos Industriales
3. INPAMAR .... Marcas y otros Signos Distintivos
4. SITADEX .... Situación Jurídica de Expedientes

1. CIBEPAT (también en CD-ROM)

CONTENIDO:
Información bibliográfica de:
* Patentes y Modelos de utilidad españoles desde 1968.
* Patentes europeas y PCT que designan a España.
* Patentes de 18 países iberoamericanos.

ACTUALIZACIÓN: Quincenal (versión en línea). Trimestral (CD-ROM).

CAMPOS DE BÚSQUEDA:
- Solicitante.   - Prioridad.
- Núm. solic. o public.   - Fecha solic. o public.
- Palabras clave.   - Símbolos de la CIP.
o bien combinaciones de estos campos.

UTILIDAD:
* Analizar la patentabilidad de desarrollos propios.
* Vigilar la capacidad tecnológica de la competencia.

2. MODINDU

CONTENIDO:
Información bibliográfica de Modelos y Dibujos Industriales españoles desde 1968.

ACTUALIZACIÓN Y CAMPOS DE BÚSQUEDA: Como CIBEPAT.
UTILIDAD: Planificar el diseño de productos.

3. INPAMAR

CONTENIDO:
Denominación de todas las Marcas, Nombres Comerciales y Rótulos de Establecimiento concedidos por la OEPM. Permite comparaciones a nivel fonético entre la denominación que se analiza y los registros ya existentes.

ACTUALIZACIÓN: Quincenal.

UTILIDAD:
* Analizar la posibilidad de obtener el registro de un signo distintivo.
* Conocer la estrategia comercial de la competencia.

4. SITADEX

CONTENIDO:
Situación Jurídico-Administrativa de los expedientes de propiedad industrial desde 1979.

ACTUALIZACIÓN:
Diaria, incorporándose todos los actos publicados en el Boletín Oficial de la Propiedad Industrial (BOPI).

UTILIDAD:
* Seguir el estado de tramitación de un expediente.
* Conocer los títulos de propiedad industrial de particulares, empresas e instituciones.

CÓMO SER USUARIO DE LAS BASES Y CONEXIÓN CON EL DISTRIBUIDOR

Para conectarse a nuestras bases de datos debe cumplimentar un contrato con la OEPM, sin coste alguno, donde deberá indicar las bases que le interesan. La facturación se realiza en función de su utilización. Las **redes de acceso** son la red telefónica básica y la red IBERPAC (X-28 y X-25).

a) **En el transcurso de un congreso internacional de abogacía, que se celebra en su ciudad, van a ser anfitriones de unos colegas importantes.**

En grupos de cuatro: organicen la invitación, comentando acerca de:
— Elección del restaurante y espectáculo típico.
— Hora y lugar de la cita.
— Elección de la indumentaria apropiada.
— Aspectos del protocolo y costumbres.
— Temas de conversación: cultura, arte, recursos naturales y economía del país, deportes, celebraciones especiales, gastronomía, la ciudad y sus monumentos, etc.
— Preparar una posible colaboración profesional.

b) **En grupo: comenten sus experiencias o anécdotas sobre diferencias culturales, estereotipos, idiosincrasia, costumbres y cultura empresarial.**

UNIDAD

8

Derecho
Internacional,
Derecho
Comunitario y
Derecho Ambiental

A DERECHO INTERNACIONAL PÚBLICO Y PRIVADO

ONU	NAFTA	TLC		OMC
OMS		UEM FMI		EURATOM
	CEE	CECA		
FAO	OIT		UIT	
UE	UNCTAD	OECE		UPU
			OTAN	
GATT	UNICEF			

Las normas del Derecho Internacional Público regulan las relaciones jurídicas entre los Estados o entre éstos y las organizaciones e instituciones internacionales con personalidad jurídica reconocida en este ámbito.

Las relaciones jurídicas quedan establecidas por las razones siguientes:

- Ingreso y participación de los estados en una organización internacional (derechos y obligaciones).
- Alianzas o pactos de índole militar.
- Intercambios financieros y comerciales.
- Actividades deportivas, culturales, y de ayuda mutua.
- Necesidad de limitar territorios, explotación de recursos, espacio aéreo y aguas jurisdiccionales.
- Residencia o estancia de ciudadanos de un estado en el territorio de otro.

Debido a la no existencia de un poder legislativo a escala mundial que tenga capacidad para promulgar una ley internacional obligatoria para todos los Estados, las fuentes del Derecho Internacional Público son los tratados internacionales, la costumbre internacional, los principios generales del Derecho Internacional, así como las fuentes indirectas: jurisprudencia o doctrina legal recogida en las sentencias de los tribunales competentes en este ámbito y la doctrina científica, integrada por la opinión de los juristas de prestigio internacional.

El Derecho Internacional Privado está integrado por las normas que regulan las relaciones entre las personas pertenecientes a diferentes Estados y determina cuál es la ley por la que deben regirse y, en caso de conflicto, cuál es el tribunal competente.

A este respecto hay dos criterios contradictorios:

a) **Territorialista:** defiende la aplicación de la ley vigente en el territorio donde los hechos son juzgados.

b) **Personalista:** aboga por la aplicación de la ley de la nacionalidad de la persona (ley personal), aunque sea juzgado por tribunales extranjeros.

1. *Para leer y comprender*

a) *Busque la sigla correspondiente a las organizaciones que se describen a continuación:*

1. En 1945 sustituyó a la Sociedad de Naciones. Su principal objetivo es mantener la paz y la seguridad en las relaciones internacionales.

2. Nació en 1961. Tuvo como precedente la OECE. Pretende coordinar las políticas económicas de los Estados miembros y facilitar ayuda económica a los países en vías de desarrollo.

3. Acuerdo firmado en París, en 1951. Su objetivo era la apertura aduanera para dos productos vitales para el desarrollo industrial.

4. Instituido en 1944 para armonizar el buen funcionamiento del sistema monetario internacional y la vigilancia de la política de cambio.

b) *Anote las diferencias entre el Derecho Internacional Público y Privado:*

	D. I. Público	**D. I. Privado**
Sujeto..		
Objeto..		
Relaciones.................................		
Fuentes		
Otros aspectos		

c) *Reflexione e indique a qué rama del Derecho Internacional corresponde:*

1. Acuerdo de no ingerencia en asuntos internos de otro país.

2. Conflicto originado por relaciones patrimoniales entre ciudadanos de distinta nacionalidad.
3. Conflicto por derechos de propiedad intelectual.
4. Conflicto originado por la compra de bienes inmuebles.
5. Conflicto debido a derechos de pesca.

2. Para hablar

a) **Desarrolle oralmente todas las siglas, anteponiendo el correspondiente artículo y añadiendo una breve explicación sobre la organización.**

Ejemplo: FMI, el Fondo Monetario Internacional.

b) **Por parejas: formule preguntas a su compañero sobre el Derecho Internacional y la Constitución Española.**

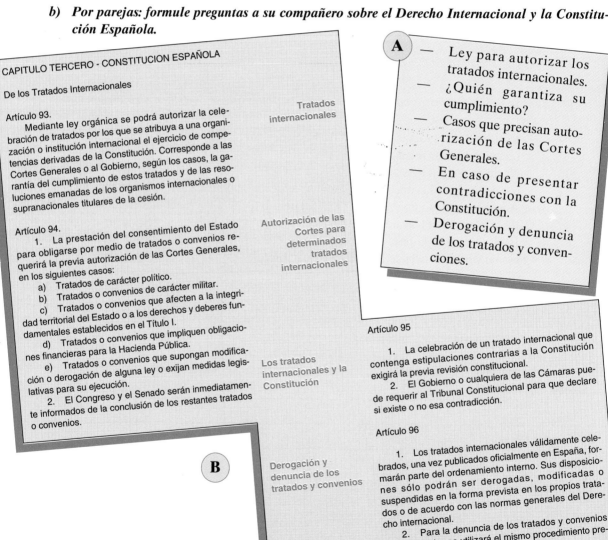

CAPITULO TERCERO - CONSTITUCION ESPAÑOLA

De los Tratados Internacionales

Artículo 93.

Mediante ley orgánica se podrá autorizar la celebración de tratados por los que se atribuya a una organización o institución internacional el ejercicio de competencias derivadas de la Constitución. Corresponde a las Cortes Generales o al Gobierno, según los casos, la garantía del cumplimiento de estos tratados y de las resoluciones emanadas de los organismos internacionales o supranacionales titulares de la cesión.

Artículo 94.

1. La prestación del consentimiento del Estado para obligarse por medio de tratados o convenios requerirá la previa autorización de las Cortes Generales, en los siguientes casos:

a) Tratados de carácter político.
b) Tratados o convenios de carácter militar.
c) Tratados o convenios que afecten a la integridad territorial del Estado o a los derechos y deberes fundamentales establecidos en el Título I.
d) Tratados o convenios que impliquen obligaciones financieras para la Hacienda Pública.
e) Tratados o convenios que supongan modificación o derogación de alguna ley o exijan medidas legislativas para su ejecución.

2. El Congreso y el Senado serán inmediatamente informados de la conclusión de los restantes tratados o convenios.

Tratados internacionales

Autorización de las Cortes para determinados tratados internacionales

Los tratados internacionales y la Constitución

Derogación y denuncia de los tratados y convenios

A

— Ley para autorizar los tratados internacionales.
— ¿Quién garantiza su cumplimiento?
— Casos que precisan autorización de las Cortes Generales.
— En caso de presentar contradicciones con la Constitución.
— Derogación y denuncia de los tratados y convenciones.

Artículo 95

1. La celebración de un tratado internacional que contenga estipulaciones contrarias a la Constitución exigirá la previa revisión constitucional.

2. El Gobierno o cualquiera de las Cámaras puede requerir al Tribunal Constitucional para que declare si existe o no esa contradicción.

Artículo 96

1. Los tratados internacionales válidamente celebrados, una vez publicados oficialmente en España, formarán parte del ordenamiento interno. Sus disposiciones sólo podrán ser derogadas, modificadas o suspendidas en la forma prevista en los propios tratados o de acuerdo con las normas generales del Derecho internacional.

2. Para la denuncia de los tratados y convenios internacionales se utilizará el mismo procedimiento previsto para su aprobación en el artículo 94.

B

c) **En el sistema español, las normas de Derecho Internacional Privado están contenidas en el Código Civil. Aunque se parte de un criterio general territorialista, también se admite que los tribunales españoles puedan aplicar leyes extranjeras en ciertos casos.**
En grupos: comente con sus compañeros las consecuencias que puede tener este criterio, así como las normas que rigen en su país en los siguientes casos: matrimonio, relaciones paternofiliales, personas jurídicas, obligaciones y contratos.

3. *Para practicar*

a) **Traduzca a su idioma la denominación de los acuerdos siguientes:**

— Carta de la Organización de las Naciones Unidas (1945).
— Convenio de Viena sobre el Derecho de los Tratados (1965).
— Gibraltar: Declaración de Bruselas (1984).
— Declaración sobre la concesión de la independencia a los países y pueblos coloniales (1960).
— Pacto internacional de derechos civiles y políticos (1966).
— Acuerdo de pesca entre España y Angola (1984).
— Protocolo adicional al Convenio europeo de extradición (1975).
— Tratado Antártico (1959).
— Comunicado conjunto hispano-guatemalteco sobre restablecimiento de relaciones diplomáticas (1984).
— Canjes de notas relativos al convenio hispano-norteamericano (1982).

b) **Indique la denominación de las relaciones internacionales según el número de partes implicadas:**

1. ....
2. ....
3. ....
4. ....
etc. ....

c) **Forme términos utilizados para indicar acuerdos, a partir de la letra inicial:**

A ....   C ....
   ....
   ....
   ....
D ....

P ....
   ....   T ....

a) Lea el canje de notas y redacte un resumen sobre las responsabilidades de la ONU/AEE y las del gobierno anfitrión, lengua de trabajo, condiciones para su aplicación y entrada en vigor. A continuación, compruebe su resumen con el de su compañero.

MINISTERIO
DE ASUNTOS EXTERIORES

22098   APLICACIÓN provisional del Canje de Cartas, de fechas 17 de julio de 1996 y 19 de agosto de 1996, constitutivo de acuerdo entre España y las Naciones Unidas para la celebración de un Seminario sobre Misiones de Pequeños Satélites (Madrid, 9-13 de septiembre de 1966).

17 de julio de 1996.

Muy Sr. mío:
Naciones Unidas/Instituto Nacional de Técnica Aeroespacial/Agencia Espacial Europea. Seminario Internacional sobre Misiones de Pequeños Satélites organizado en cooperación con el Gobierno de España .
(Madrid, España, 9-13 de septiembre de 1996).
    Aprovecho la presente ocasión para expresar a España, a través de V.E., el agradecimiento de las Naciones Unidas, por su decisión de dar acogida al Seminario mencionado en el epígrafe. El Seminario se organiza con el fin de examinar la capacidad de carga útil en pequeños satélites experimentales, haciendo hincapié en los tipos y la logística de diseño, métodos de desarrollo de procesos y sistemas asociados a estos satélites. Se organiza también para estudiar cauces por los que los países pequeños y, en particular, los países en desarrollo que se encuentren interesados en desarrollar programas espaciales, puedan incrementar su cooperación en este campo con el fin de aprovechar al máximo las tecnologías disponibles y compartir sus recursos limitados.
    De conformidad con la práctica establecida, la prestación de los servicios de anfitrión por parte del Instituto Nacional de Técnica Aeroespacial (INTA) en nombre de España para el mencionado Seminario se detalla en la siguiente Sección C, titulada «España». Le quedaría sumamente agradecido, en nombre de las Naciones Unidas, si recibiera la aceptación por parte de España de los siguientes acuerdos relativos a los servicios que se prestarán con motivo del Seminario.
    Excelentísimo Señor don José Antonio de Yturriaga Barberán. Embajador Extraordinario y Plenipotenciario. Representante Permanente de España ante las Naciones Unidas, Gonzagagasse 15/2. A-1010 Viena (Austria).

    A)   Las Naciones Unidas, la Agencia Espacial Europea y el Ministerio de Asuntos Exteriores de España.

    1.   Las Naciones Unidas, la Agencia Espacial Europea (AEE) y el Ministerio de Asuntos Exteriores de España contribuirán con 20.000 dólares EE.UU., 10.000 dólares EE.UU. y 2.500.000 pesetas españolas, respectivamente, para apoyar la participación de científicos carentes de medios procedentes de países en desarrollo escogidos por las Naciones Unidas para participar en el Seminario. El panel adicional de las Naciones Unidas y del INTA para conseguir apoyo con destino a los participantes procedentes de países en desarrollo se detalla en la Sección C, apartado 4, del presente acuerdo. El Ministerio de Asuntos Exteriores contribuirá con 2.500.000 pesetas españolas adicionales para cubrir los gastos de celebración del Seminario que se produzcan en España. Estos fondos adicionales serán gestionados por el INTA. La contribución del Ministerio de Asuntos Exteriores se transferirá mediante el crédito presupuestario 226.06.
    2.   Los costes de desplazamiento y las dietas de hasta dos miembros del personal de la Oficina de Asuntos del Espacio Ultraterrestre de las Naciones Unidas serán sufragados por las Naciones Unidas.
    3.   El coste de los desplazamientos y las dietas de los representantes de los organismos especializados de las Naciones Unidas serán sufragados por las organizaciones interesadas.

    B)   Participación y lengua.

    1.   El número total de participantes internacionales cuya participación será patrocinada por las Naciones Unidas, la AEE y España se limitará al número que pueda ser financiado con cargo a los recursos indicados en el anterior apartado A.1.
    2.   Las lenguas oficiales del Seminario serán el español y el inglés.

    C)   España.

    1.   España actuará como anfitrión del Seminario que se celebrará en Madrid.
    2.   España designará también a un funcionario del INTA, como oficial de enlace entre las Naciones Unidas y España para tomar las medidas necesarias relativas a las contribuciones expresadas en los apartados siguientes.
    3.   España proporcionará y correrá con los costes de:
    a)   alojamiento y manutención de participantes procedentes de países en desarrollo mientras dure el Seminario hasta el importe de 2.500.000 pesetas proporcionado por el Ministerio de Asuntos Exteriores de España para apoyar el Seminario (véase lo dispuesto en la Sección A, apartado 1);
    b)   locales y equipo adecuados (incluido un auditorio para conferencias con capacidad para 175 personas con personal e instalaciones de interpretación) para la celebración del Seminario.

    Tengo el honor de comunicar a V.E. que el Gobierno español está de acuerdo con cuanto antecede y, por consiguiente, la carta de V.E. y la presente carta de respuesta constituyen un acuerdo entre España y las Naciones Unidas.
    Aprovecho la oportunidad para reiterarle, señor Director general, el testimonio de mi más alta y distinguida consideración.
    José Antonio de Yturriaga Barberán. Embajador Extraordinario y Plenipotenciario. Representante Permanente de España ante las Naciones Unidas.
    El presente acuerdo se aplica provisionalmente desde el 19 de agosto de 1996, fecha de su firma por ambas partes, según se establece en su apartado D.5.
    Lo que se hace público para conocimiento general.
    Madrid, 3 de septiembre de 1996.—El Secretario general técnico, Antonio Bellver Manrique.

    (B.O.E. 242)

b) Por parejas: después de leer el Memorando, redacten la lista de posibles responsabilidades de la FAO y las del Gobierno hospedante. A continuación, comprueben su lista en la sección de soluciones.

MINISTERIO DE ASUNTOS EXTERIORES

22192 *APLICACIÓN provisional del Memorándum de Responsabilidades que han de asumir el Reino de España y la Organización de las Naciones Unidas para la Agricultura y la Alimentación con respecto a la 38.ª Reunión del Grupo Intergubernamental sobre el Arroz (Sevilla, 14 a 17 de mayo de 1996).*

MEMORANDO DE RESPONSABILIDADES QUE HAN DE ASUMIR EL REINO DE ESPAÑA Y LA ORGANIZACION DE LAS NACIONES UNIDAS PARA LA AGRICULTURA Y LA ALIMENTACION CON RESPECTO A LA 38.ª REUNIÓN DEL GRUPO INTERGUBERNAMENTAL SOBRE EL ARROZ

En las siguientes cláusulas se exponen las responsabilidades que han de asumir, respectivamente, el Reino de España, denominado en lo sucesivo el Gobierno hospedante, y la Organización de las Naciones Unidas para la Agricultura y la Alimentación, denominada en lo sucesivo la FAO, para el buen desarrollo de la 38.ª reunión del Grupo Intergubernamental sobre el Arroz, denominada en lo sucesivo la reunión, la cual forma parte del Programa Ordinario de la Organización.

La reunión se celebrará en Sevilla, del 14 al 17 de mayo de 1996.

Corresponderá a la FAO organizar la reunión, cursar las invitaciones y distribuir el programa provisional.

Se invitará a los siguientes Miembros: Afganistán, Albania, Alemania, Angola, Arabia Saudita (Reino de), Argelia, Argentina, Australia, Austria, Bahamas, Bahrein, Bangladesh, Barbados, Bélgica, Benin, Bhután, Bolivia, Brasil, Bulgaria, Burkina Faso, Burundi, Cabo Verde, Camboya, Camerún, Canadá, Colombia, Comoras, Comunidad Europea, Congo, Corea (República de), Costa Rica, Côte d'Ivoire, Cuba, Chad, Chile, China, Dinamarca, Djibouti, Dominica, Ecuador, Egipto, El Salvador, Emiratos Árabes Unidos, Eslovaquia, España, Estados Unidos de América, Estonia, Etiopía, Fiji, Filipinas, Finlandia, Francia, Gabón, Gambia, Ghana, Grecia, Guatemala, Guinea, Guinea-Bissau, Guinea Ecuatorial, Guyana, Haití, Honduras, Hungría, India, Indonesia, Irán (República Islámica del), Iraq, Irlanda, Islas Cook, Islas Salomón, Israel, Italia, Jamaica, Japón, Jordania, Kenya, Kuwait, Laos, Letonia, Líbano, Liberia, Libia, Lituania, Luxemburgo, Madagascar, Malasia, Malawi, Malí, Malta, Marruecos, Mauricio, Mauritania, México, Mozambique, Myanmar, Nepal, Nicaragua, Níger, Nigeria, Noruega, Nueva Zelanda, Omán, Países Bajos, Pakistán, Panamá, Papua Nueva Guinea, Paraguay, Perú, Polonia, Portugal, Puerto Rico, Qatar, Reino Unido, República Centroafricana, República Checa, República Dominicana, República Popular Democrática de Corea, Rumania, Rwanda, Samoa, Santa Lucía, Santo Tomé y Príncipe, Senegal, Seychelles, Sierra Leona, Siria, Somalia, Sri Lanka, Sudáfrica, Sudán, Suecia, Suiza, Suriname, Tailandia, Tanzania, Togo, Tonga, Trinidad y Tobago, Túnez, Turquía, Uganda, Uruguay, Venezuela, Vietnam, Yemen, Yugoslavia, Zaire, Zambia, Zimbabwe.

Se invitará también a representantes de las Naciones Unidas, la Conferencia de las Naciones Unidas sobre Comercio y Desarrollo, la Comisión Económica y Social de las Naciones Unidas para Asia y el Pacífico, el Centro de Comercio Internacional UNCTAD/GATT, el Programa Mundial de Alimentos, el Banco Mundial, el Fondo Monetario Internacional, la Organización Mundial del Comercio.

Se invitará a observadores de: la Asociación de Naciones del Asia Sudoriental, la Asociación para el desarrollo del Cultivo del Arroz en el África Occidental, el Banco Asiático de Desarrollo, el Banco Interamericano de Desarrollo, el Centro Internacional de Agricultura Tropical, la Confederación Internacional de Organizaciones Sindicales Libres, el Consejo Internacional del Trigo, la Federación Internacional de Productores Agrícolas, la Federación Sindical Mundial, el Fondo Común para los Productos Básicos, el Instituto Internacional de Agricultura Tropical y el Instituto Internacional de Investigación sobre el Arroz.

La reunión se desarrollará en español, francés e inglés.

c) Concurso: señalen en el mapa los países mencionados en el Memorando. Gana el alumno que localice el mayor número de países.

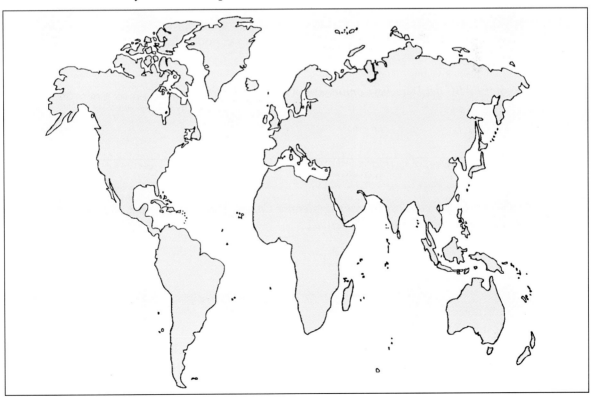

Principales instituciones	Parlamento	Comisión	Consejo	Tribunal de Justicia
Sede	Estrasburgo Luxemburgo Bruselas	Bruselas	Bruselas	Luxemburgo
Designación	sufragio directo	estados miembros		gobiernos
Composición	626	20	Ministros 15 estados	15 jueces y 9 abogados
Poderes y funciones	• legislativo • presupuestario • control	• propuesta de legislación • aplicación tratados • gestión y ejecución • representación	• decisorio	• contencioso • consultivo

La Comunidad Europea es una creación del Derecho y un .... jurídico. Es una unión que se basa en valores fundamentales tales como la libertad e igualdad, preservadas y realizadas mediante el Derecho. Esta es la base que subyace en los .... constituyentes desde que se creó la .... hasta la Unión Europea.

En otras palabras, las relaciones entre las poblaciones de los estados miembros se rigen por el Derecho .... Este Derecho, cuyo conjunto forma un ordenamiento jurídico, procede de .... diversas (Derecho primario, Derecho derivado, Acuerdos de Derecho Internacional, principios generales del Derecho y acuerdos entre los estados miembros) y es la base del sistema institucional.

El Derecho Comunitario regula las relaciones entre las instituciones y establece los procedimientos de la toma de ...., otorgándoles el poder de actuación mediante reglamentos, ..., decisiones individuales, recomendaciones y ....

(Extracto de *El ABC del Derecho Comunitario,* Documentación Europea)

1. Para leer y comprender

a) Complete el texto con los términos siguientes: Comunitario, dictámenes, decisión, fuentes, CECA, Tratados, ordenamiento, directivas.

b) Tome notas para contestar:

1. Instituciones con poder legislativo.
2. Instituciones con poder ejecutivo.
3. Instituciones con poder judicial.
4. Fundamentos de la Comunidad Europea.
5. Fuentes del Derecho Comunitario.

c) **Relacione las formas de legislación con la explicación correspondiente:**

1. Decisiones.
2. Directivas.
3. Reglamentos.
4. Dictámenes y recomendaciones.

a) No son vinculantes.
b) Obligan a los Estados miembros; delegan en las autoridades nacionales la forma y los medios que han de utilizarse.
c) Se aplican directamente sin necesidad de medidas nacionales para llevarlos a efecto.
d) Obligan en todos sus aspectos a quienes están dirigidas (estados miembros, empresas y personas físicas).

2. Para hablar

a) **Prepare la presentación oral de una de las instituciones de la Unión Europea. Puede utilizar materiales audiovisuales y, también, puede grabarla.**

Recuerde:
Parlamento Europeo
Comisión Europea
Tribunal de Cuentas
Comité Económico y Social

Consejo de la Unión Europea
Tribunal de Justicia
Banco Europeo de Inversiones
Comité de las Regiones

b) **Debate en grupos: principios básicos de la Carta Social y, especialmente, la libre circulación de los trabajadores y sus efectos entre los profesionales del Derecho.**

Recuerden:
Movilidad espacial
Movilidad profesional
Reconocimiento de titulaciones
Libre circulación de capitales
Contratos públicos

Carta Social

La Carta comunitaria de los derechos sociales fundamentales de los trabajadores, adoptada en diciembre de 1989, establece doce principios básicos:

1. El derecho al trabajo en el país comunitario que uno elija.
2. El derecho a una justa remuneración.
3. El derecho a mejores condiciones de vida y de trabajo.
4. El derecho a la protección social con arreglo a los sistemas nacionales actuales.
5. El derecho a la libertad de asociación y negociación colectiva.
6. El derecho a la formación profesional.
7. El derecho de igualdad de trato entre hombres y mujeres.
8. El derecho a la información, consulta y participación de los trabajadores.
9. El derecho a la protección de la salud y de la seguridad en el lugar de trabajo.
10. La protección de los niños y de los adolescentes.
11. La garantía de un nivel de vida mínimo para las personas de edad avanzada.
12. Una mejor integración social y profesional para los minusválidos.

(*El Mercado Único*, Documentación Europea)

3. Para practicar

a) Complete la ficha del Comité de las Regiones con los términos del recuadro:

— Sede ....
— Designación ....
— Composición ....
— Poderes ....
— Función ....

222	marzo 1994
consultivo	
	Tratado de la UE
subsidiariedad	
	Bruselas

b) Escriba una carta a la Comisión Europea (1), solicitando información para elaborar un estudio sobre uno de los temas siguientes:

1. El Acta Unica Europea y los Derechos de los Consumidores.
2. Derecho Comunitario en Agricultura, Silvicultura y Pesca.
3. Cooperación entre el Derecho Comunitario y el Nacional: posibles conflictos, aplicación y primacía.
4. Acuerdo de Schengen.

En la carta, no olvide indicar:
• su profesión
• sector de actividad en la que trabaja
• lengua en que prefiere la información
• posibilidades de informarse vía el servidor EUROPA, si está conectado a INTERNET.

(1) Comisión Europea. Paseo de la Castellana, 46. 28046 Madrid.

c) Desarrolle las siglas siguientes, relacionadas con la Comunidad Europea:

UE	EEE	FSE	FED	BEI	BERD	FEDER	FEOGA
	ECU	EURO		UEM	EUROSTAD	UEP	

d) La Unión Europea se compone de quince Estados, pero no siempre fue así. ¿Podría diseñar una representación gráfica para indicar el desarrollo de esta unión?

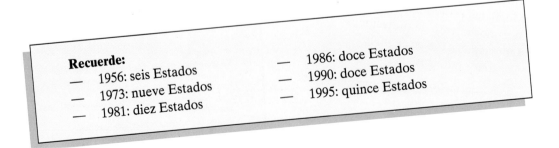

Recuerde:
— 1956: seis Estados
— 1973: nueve Estados
— 1981: diez Estados
— 1986: doce Estados
— 1990: doce Estados
— 1995: quince Estados

4. Para terminar

a) *Coloque los párrafos del texto en el orden correcto y relacione los siguientes aspectos con el párrafo correspondiente:*

1. Independencia de los jueces.
2. El TJ funcionó como instancia única hasta 1989.
3. El TJ entiende de asuntos interpuestos por los Estados, empresas y particulares.
4. El Tribunal de Primera Instancia no está asistido por abogados.
5. Ante el TJ se pueden plantear recursos directos y cuestiones prejudiciales.

a

El Tribunal de Primera Instancia es competente para examinar los recursos interpuestos por particulares y empresas; en ese caso, puede presentarse ante el Tribunal de Justicia un recurso de casación limitado a las cuestiones de Derecho.

De 1952 a 1994 se interpusieron ante el Tribunal de Justicia más de 8.600 recursos, 2.900 de los cuales correspondieron a peticiones de decisiones prejudiciales. La actividad del Tribunal ha permitido la emergencia de un Derecho europeo aplicable a todos de manera uniforme, favoreciendo de este modo el proceso de integración comunitaria.

b

El Tribunal puede comprobar el incumplimiento por parte de un Estado miembro de alguna de las obligaciones que le incumben en virtud de los Tratados. En caso de no ejecución de una sentencia por incumplimiento, el Tribunal puede imponer al Estado en cuestión el pago de una suma a tanto alzado o de una multa coercitiva. Además, el Tribunal de Justicia controla la legalidad de los actos de las instituciones cuando se presentan recursos de nulidad, así como la abstención de actuar de las instituciones comunitarias cuando se interponen recursos por omisión.

d

La función del Tribunal es garantizar el respeto del Derecho en la interpretación y aplicación de los Tratados europeos.

e

El Tribunal de Justicia está formado por quince jueces asistidos por nueve abogados generales. En 1989 se le sumó un Tribunal de Primera Instancia, formado por quince jueces. Los miembros de esta institución, cuya sede se encuentra en Luxemburgo, son nombrados por un período de seis años, por común acuerdo de los gobiernos, y su independencia está garantizada.

c

El Tribunal también se pronuncia, a petición «prejudicial» de las jurisdicciones nacionales, sobre la interpretación o la validez de las disposiciones del Derecho comunitario. Cuando un proceso ante un tribunal nacional pone de manifiesto una impugnación a este respecto, el juez puede consultar al Tribunal, debiendo hacerlo cuando ya no haya otra instancia de apelación y, por consiguiente, sólo podrá dictar sentencia después de conocer la sentencia del Tribunal de Justicia.

b) *Subraye los prefijos y sufijos de las palabras del texto y señale los cambios que implican.*

C | ASESORÍA MEDIOAMBIENTAL

Información

Educación
Formación

Investigación

Evaluación
Valoración

Gestión de
Recursos

DESARROLLO
SOSTENIBLE

Gestión del
Transporte

Sectores de
Producción y
Servicios

Asesor:	Buenos días. Me llamo Antonio Arenas y, antes de comenzar, deseo agradecerles su presencia y el interés demostrado por la presentación de nuestros servicios de Asesoría Legal en materia medioambiental.

A lo largo de mi intervención, les expondré la normativa legal en *España* (a), en la *Unión Europea* (b) y en el *orden internacional* (c), así como las disposiciones —restrictivas o punitivas— contra la degradación del *medio ambiente* (d), como por ejemplo, mediante la *contaminación* (e). En su documentación pueden ver un gráfico de ello.

Hablaremos, también, de los *medios y recursos financieros* (f), de los *instrumentos de política ambiental* (g) y de la *política española* (h), tendente a favorecer el uso racional de recursos.

Un aspecto importante que no podemos olvidar es el de la *fiscalidad* (i) y, por último, la *responsabilidad por infracción* (j), en España y en la Unión Europea. Esto es lo que, precisamente, nos ha reunido hoy aquí. Antes de proseguir... ¿Desean hacer alguna pregunta?

Empresario:	Sí, por favor. Me interesa especialmente todo lo que afecta a la gestión del transporte.
Asesor:	Es uno de los aspectos más importantes y de ello les hablará mi socio, Fernando Villa.
Empresaria:	Supongo que se tratará el procedimiento ante los tribunales comunitarios, ¿verdad?
Asesor:	Desde luego. En la documentación que se les ha entregado, tienen amplia información. Además, en la sesión de esta tarde, les expondrá el tema Paloma Baida.

Bien, si no hay más preguntas, empezamos.

A pesar de las iniciativas y medidas anteriores, es a partir del año 1992 y con ocasión de *dos acontecimientos* (k) cuando se precisa la política de protección del medio ambiente. Como pueden ver en esta *transparencia* (l), el Tratado de Maastricht, en el marco de su programa **Hacia un Desarrollo Sostenible** pretende un crecimiento que considere prioritario el respeto al medio ambiente y la responsabilidad, bajo la premisa «quien contamina paga».

Ahora, si les parece bien, haremos un pequeño descanso para tomar café y, dentro de media hora, desarrollaremos este punto.

1.   *Para leer y comprender*

a) *Subraye las fórmulas empleadas para:*

— iniciar una reunión
— presentar y presentarse
— exponer objetivos de la reunión
— hacer referencia a documentación y recursos audiovisuales
— pedir/dar explicaciones

b) **Complete los aspectos de la presentación señalados en cursiva con los datos y la información siguiente:**

1. Fuentes de contaminación atmosférica: CO_2, SO_2, NOx.
2. Tratado de Roma y Tratado de Maastricht.
3. Programa de las Naciones Unidas y las conferencias y convenciones mundiales sobre el tema.
4. Legislación sobre uso de combustibles con bajo contenido en azufre para la calefacción; limitación de cantidad de determinadas sustancias que pueden contener las aguas residuales procedentes de centros de producción o habitados.
5. Leyes de protección del medio ambiente, del suelo, de espacios naturales protegidos; artículo 45 de la Constitución; el Código Penal, etc.
6. Artículo 130 Tratado de la UE sobre el principio de «Quien contamina, paga» y tributo ambiental.
7. Conjunto de elementos que rodean a un individuo o especie, algunos de los cuales contribuyen a satisfacer sus necesidades.
8. Conferencia de Río, 1992 y Tratado de Maastricht.
9. Planes sobre contaminación atmosférica y acústica, calidad de las aguas, gestión de residuos, contaminación y degradación del suelo, política forestal y conservación de la naturaleza.
10. Responsabilidad civil, penal, administrativa y ante los tribunales de la UE.
11. LIFE, Fondo de Cohesión y Fondos Estructurales.
12. Evaluación del Impacto Ambiental, Ecogestión y Ecoauditoría y Etiquetado Ecológico.

c) **Exprese de otra manera o explique los términos-clave:**

— disposiciones restrictivas/punitivas
— uso racional de los recursos
— aguas residuales
— contaminación atmosférica/acústica
— degradación del suelo
— impacto ambiental

2. Para hablar

a) **Debate en grupos: necesidad, causas y razones para la formación en gestión y especialización en normativa medioambiental (nacional e internacional).**

b) **Por parejas: preparen la presentación oral de su despacho de abogados. Recuerden:**

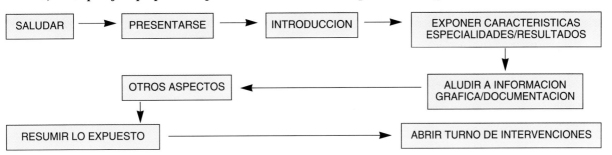

a) **Escriba la fórmula que utilizaría en las siguientes situaciones, en su idioma y en español:**

1.   Comenzar su intervención con una broma o un chiste.
2.   Establecer objetivos, prioridades, contenidos.
3.   Hacer referencia a material gráfico o visual.
4.   Pedir permiso para quitarse la chaqueta.
5.   Resumir su intervención.
6.   Pedir o solicitar aclaraciones.

b) **Reflexione sobre los cambios expresados y dibuje su representación gráfica.**

Ejemplo: La tensión alcanzó su punto máximo.

1.   La temperatura descendió bruscamente.
2.   Se debe conseguir un desarrollo sostenido.
3.   Los precios suben constantemente.
4.   La atención disminuyó gradualmente.
5.   El precio del dinero sigue fluctuando.
6.   El ruido aumentó repentinamente.

c) **Lea los contenidos del máster en Derecho Ambiental y consulte en un diccionario técnico la terminología específica. A continuación, relacione los títulos de cada módulo con los contenidos correspondientes.**

Módulos

1.   Protección del medio ambiente.
2.   Contaminación de las aguas.
3.   Residuos.
4.   Contaminación atmosférica y ruidos.
5.   Actividades clasificadas.
6.   Marketing medioambiental.
7.   Riesgo nuclear.
8.   Fiscalidad.
9.   Responsabilidad por infracción.
10.   Gestión ambiental.

a   **La Gestión Ambiental de la Empresa.** Empresas contaminantes. Compras. Producción ecológica. Residuos. Transportes. I + D. Economía ambiental: la relación coste-beneficio.
Las Ecoauditorías: Objetivos. Planificación. Tipos y métodos. Política ambiental. Auditores ambientales.

b   **Vertidos al medio acuático:** Contaminación del mar. Vertidos de aguas residuales. Lodos de depuración. Infracciones y sanciones.

c   **Fiscalidad y Medio Ambiente:** Principios y objetivos comunitarios. El artículo 130 R. del Tratado UE. El principio «Quien contamina, paga». Instrumentos fiscales. El tributo ambiental. Impuestos y tasas municipales.

d   **El Riesgo Nuclear:** Protección contra las radiaciones ionizantes. Los daños nucleares y su aseguramiento. Reparación por el Estado. Emergencia nuclear. Protección radiológica frente a tratamientos médicos.

e   **El Reglamento de Actividades Molestas, Insalubres, Nocivas y Peligrosas:** Concepto y definición de cada actividad. Incineración de residuos. Competencias. Licencias. Calificación de actividades.

g

Residuos Tóxicos y Peligrosos: Identificación, producción, vigilancia y control. Hospitalarios. Aceites. PCB y PCT. Amianto. Traslados. PNRP. Incineración.
Residuos Sólidos Urbanos: Recogida y tratamiento. Aprovechamientos. Hospitalarios. Industriales. Incineración. Ordenanzas municipales.

h

C.A. por Emisión de Gases: Calidad del aire. Actividades contaminadoras. Zonas contaminadas. Emergencias. Control y vigilancia. Capa de ozono.
C.A. por Ruidos: Poblaciones con alto nivel de ruido. Riesgos. Vehículos. Maquinaria industrial. Aeronaves subsónicas. Infracciones y sanciones.

4. *Para terminar*

a) *Después de estudiar el Boletín del Servicio de Información, redacte un informe: tribunal y estado implicados, asunto, razones, resoluciones y consecuencias.*

b) *Por parejas: comenten el recurso y la decisión del Tribunal de Justicia.*

ACTIVIDADES DEL TRIBUNAL DE JUSTICIA Y DEL TRIBUNAL DE
PRIMERA INSTANCIA DE LAS COMUNIDADES EUROPEAS

Asunto C-170/94
Comisión de las Comunidades Europeas/República Helénica,
Medio ambiente y consumidores

...ana del 10 al 14 de junio de 1996

n° 16/96

29-6-1995

«*Incumplimiento - No adaptación del Derecho interno a las Directivas 90/219/CEE y 90/220/CEE - Organismos modificados genéticamente*»
(Sala Quinta)

Mediante escrito presentado el 20 de junio de 1994, la Comisión de las Comunidades Europeas interpuso un recurso con el fin de que se declare que la República Helénica ha incumplido las obligaciones que le incumben en virtud del Tratado CE, al no adoptar o al no comunicar dentro del plazo establecido las disposiciones legales, reglamentarias y administrativas necesarias para atenerse a las Directivas 90/219/CEE y 90/220/CEE del Consejo.
La República Helénica, si bien solicita que se desestime el recurso, no discute que el Derecho nacional no fue adaptado a las Directivas dentro del plazo establecido. Finalmente, en su escrito de dúplica, únicamente indica que la Administración helénica constituyó una comisión integrada por representantes de todas las autoridades conjuntamente competentes y del mundo científico, a fin de elaborar dos proyectos de decretos ministeriales comunes destinados a la ejecución de ambas directivas. Adjunta ambos proyectos a su escrito de dúplica.
Puesto que la adaptación del Derecho nacional no se ha realizado dentro del plazo establecido, procede declarar el incumplimiento invocado a este respecto por la Comisión.

El Tribunal de Justicia decidió:
«*1)* **Declarar que la República Helénica ha incumplido las obligaciones que le incumben en virtud del Tratado CE, al no adoptar, dentro del plazo establecido, las disposiciones legales, reglamentarias y administrativas necesarias para atenerse a la Directiva 90/219/CEE del Consejo, de 23 de abril de 1990, relativa a la utilización confinada de microorganismos modificados genéticamente, y a la Directiva 90/220/CEE del Consejo, de 23 de abril de 1990, sobre la liberación intencional en el medio ambiente de organismos modificados genéticamente.**

2) **Condenar en costas a la República Helénica.**»

El Abogado General Sr. F.G. Jacobs presentó sus conclusiones en audiencia pública de la Sala Quinta el 4 de mayo de 1995.
En ellas proponía:

«1) Declarar que la República Helénica ha incumplido las obligaciones que le incumben en virtud del Tratado, al no adoptar dentro del plazo establecido las medidas necesarias para atenerse a la Directiva del Consejo 90/219/CEE, relativa a la utilización confinada de microorganismos modificados genéticamente, y a la Directiva del Consejo 90/220/CEE, sobre la liberación intencional en el medio ambiente de organismos modificados genéticamente.

2) Condenar en costas a la República Helénica.»

UNIDAD 1

Albedrío: facultad que posee la voluntad de tomar decisiones.
Coercibilidad: posibilidad que tiene el estado de imponer coactivamente la observancia de la ley.
Convivencia: hecho de vivir socialmente en armonía.
Derogada: anulada o modificada una ley o precepto con otra nueva ley o precepto.
Dotado: provisto.
Patente: claro, evidente, visible.
Patrimonial: perteneciente a los bienes que una persona adquiere hereditariamente de sus ascendientes.
Sanción: aprobación o legitimación.

Diccionario A

Costumbre: manera de obrar establecida por un largo uso o adquirida por repetición de actos de la misma especie.
Fuente: principio, fudamento, origen.
Jurisprudencia: enseñanza doctrinal que dimana de los fallos de las autoridades judiciales.
Vigencia: calidad o estado de las leyes que están en vigor y observancia.
Vinculatorio: sujeto a una obligación; dependiente.

Diccionario B

Asentarse: establecerse en un lugar.
Carta de franquicia: documento por el que se concedían ciertas libertades y privilegios.
Corriente (jurídica): curso o movimiento de las tendencias.
Escisión: división, separación.
Fueros: derechos o privilegios que se concedían a un territorio, ciudad o persona.
Plasmarse: manifestarse algo de determinada forma.

Diccionario C

Exponer conceptos y nociones
¿Qué significa coercibilidad?
Coercibilidad es la posibilidad de exigir la aplicación de las leyes.

Funciones

124

El contrato y el testamento son dos figuras reguladas por ley.
Se denomina...
La doctrina... recomienda

Dar definiciones

El Derecho es un conjunto de normas establecidas.
La Doctrina es la expresión privada de las concepciones sobre el Derecho.
El Derecho es la ciencia que estudia las normas y su aplicación.

Establecer distinciones

El término Derecho puede designar dos cosas.
Son derechos subjetivos los personales...
Lo que diferencia las normas jurídicas...
¿Qué se entiende por derecho subjetivo?
*Existen diferencias entre los países de **common law** y los de **civil law.***

Señalar objeto y fines

Los fines del Derecho son asegurar la convivencia y la armonía.
Regula las relaciones jurídicas.
La jurisprudencia fija el estado del Derecho.
El Derecho es un criterio para solucionar un problema.
Tiene por objeto...
¿Cuáles son sus fines?

Exponer criterios

De acuerdo con el criterio de personalidad...
El Derecho... se basaba en la costumbre.
*Según la **common law.***
Se inspira en las doctrinas del siglo XVIII.

Aclarar ideas ya expresadas

Esto es, con vigencia y eficacia.
Es decir, la posibilidad de exigir su aplicación.
Esto quiere decir que no tiene valor vinculatorio.

Preguntar y responder sobre temas profesionales

¿Qué es el Derecho y cuáles son sus fines?
¿Quiénes establecen las normas jurídicas?
El Derecho es la libertad que debe ser respetada.
El Derecho es una forma de vida social.
Los actos jurídicos realizados bajo coacción son anulables.

Hablar sobre el Derecho: fuentes y sistemas

Las fuentes principales son...
Es el nacido de la costumbre.
Cada sistema jurídico tiene sus propias fuentes.
Están las concepciones europeas y las extraeuropeas.
Derechos basados en la religión.
El Derecho musulmán no influyó en el proceso formativo.

Determinar etapas y cambios históricos

Antes de la romanización.
Con la ocupación musulmana de la península.
El proceso de romanización jurídica no se realizó hasta la época imperial.
Las constituciones de los siglos XIX y XX.
Se produjo una gran transformación.

Preguntar y utilizar expresiones jurídicas

*¿Cuál es el sentido de **ius**?*
¿Podría decir el significado de los siguientes aforismos?

*Se expresa en una **norma agendi** y en una **facultas agendi**.*
Ubi societas, ibi ius.
Semper in dubiis benigniora praeferenda sunt.

Artículos

	definido		indefinido	
masculino	**el**	**los**	**un**	**unos**
femenino	**la**	**las**	**una**	**unas**
neutro		**lo**		
contracto	**a+ el: al**		**de + el: del**	

Adjetivos

El adjetivo concuerda en género y número con el sustantivo al que acompaña.

Los adjetivos **superior, inferior, exterior e interior** tienen la misma forma para el masculino y para el femenino.

Los adjetivos que indican **nacionalidad, color, religión, política y cualidades físicas** van detrás del sustantivo.

Otras posibilidades:

a) detrás del nombre (especificativo):
   una explicación larga y detallada.

b) delante del nombre (para realzar la cualidad):
   la compleja organización.

c) detrás del verbo (predicado):
   la conferencia era interesante.

Adjetivos gentilicios: designan a los habitantes de una ciudad, región o país.

-eno: chileno, esloveno, sarraceno
-ense: almeriense, lucense, tarraconense
-és: inglés, portugués, japonés
-aco: austriaco, eslovaco, polaco
-án: alemán, catalán
-ano: italiano, asturiano
-ino: argentino, neoyorkino

-io: canario, sirio
-ita: moscovita
-ol: español, mongol
-ota: cairota, chipriota
-eño: madrileño, extremeño
-í: ceutí, marroquí
-ú: zulú, hindú

Verbos
Ser

a) Expresa identificación: *soy Jaime Peña, es el interventor general.*
b) Indica profesión: *son los documentalistas.*
c) Expresa nacionalidad, religión, política o estilo artístico: *son españoles, somos católicos, son liberales.*
d) Posesión: *es mi cartera.*
e) Tiempo, cantidad, origen, precio: *son las ocho de la tarde, son treinta documentos, somos de Madrid, ¿cuánto es?*
f) Materia: *es de cuero.*
g) Impersonalidad: *es necesario saber idiomas e informática.*

Estar

a) Expresa situación temporal o física: *estamos aquí, estamos a lunes.*
b) Estado físico o mental: *estamos cansados, está bien.*

En algunas ocasiones se puede utilizar ser o estar + adjetivo indistintamente.

Si se utiliza «ser», es para indicar cualidad objetiva o condición normal: *la ubicación de la oficina es perfecta.*

Si se utiliza «estar», se indica una impresión personal, subjetiva: *el cuadro está perfecto.*

Tiempos verbales

El presente de indicativo

a) Indica que la acción ocurre en el momento de hablar: *presentamos hoy...*
b) Valor de presente habitual: *diariamente, leemos o escuchamos noticias.*
c) Expresa experiencia: *la práctica ayuda a entender las operaciones.*
d) Referencia a acción pasada o futura: *el Banco de España advierte a la banca. La intervención fiscaliza las operaciones.*
e) Presente de mandato: *vas a la biblioteca y preparas un informe.*

Pronombres interrogativos

Invariables: qué + sustantivo: *¿Qué normas hay que seguir?*

   cuándo, cómo y **dónde** no admiten sustantivo detrás:
   ¿Cuándo vas? ¿Cómo funciona? ¿Dónde está?
   qué + verbo: *¿Qué necesita?*

Variables: singular   plural
   cuál   **cuáles**
   quién   **quiénes**

cuánto (masc.) **cuánta** (fem.) **cuántos** (masc.) **cuántas** (fem.)

cuál + de + sustantivo/pronombre: *¿Cuál de las dos instituciones es mejor?*
cuál + verbo: *¿Cuál visitaste?*
cuánto + verbo: *¿Cuánto es?*
cuánto + sustantivo: *¿Cuántos departamentos hay?*

Pronombres relativos

Pueden sustituir a un sustantivo o a una acción (antecedente), así como servir de enlace entre una oración principal y otra subordinada. Concuerdan en género y número con el antecedente, siempre que sea posible. Hay que distinguir entre relativos adjetivos y relativos adverbiales:

   Adjetivos: quien, cual, cuyo/a, cuanto/a
   que, quienes, cuales, cuyo/as, cuantos/as
   Adverbios: donde, como, cuando

   Cuyo: se utiliza para expresar la posesión y equivale a: de quien, del que, del cual. Concuerda en género y número con el sustantivo al que acompaña:
   Es un sistema cuya finalidad es proporcionar dinero.
   El documento cuyo encabezamiento corregí.

Conjunciones

   Y: para unir una palabra o una oración con otra se utiliza la conjunción «y», excepto en los casos en que la palabra que le sigue comienza por «i», en donde se sustituye por «e»: *bancos e instituciones.*

   O: la conjunción disyuntiva es sutituida por «u», cuando la palabra siguiente comienza por «o»: *hay siete u ocho entidades.*

Preposiciones

A

a) Acompaña siempre al complemento indirecto de la oración: *mostró las instalaciones a los estudiantes.*
b) Acompaña al complemento directo de la oración (persona): *no comprendo a mi jefe.*
c) Se usa para expresar la hora: *la cita es a la una.*
d) Indica una situación limítrofe o de contacto: *nos sentamos a la mesa.*
e) Indica distancia: *la sala está a diez metros de aquí.*
f) Precede al infinitivo con el artículo (al) para indicar que una acción se desarrolla al mismo tiempo que otra: *al entrar, le saludé.*

De: indica

a) Procedencia: *es de México.*
b) Posesión o pertenecencia: *la puerta de la entidad bancaria.*

c) Contenido de alguna cosa: *un libro de contabilidad.*
d) Materia: *una carpeta de plástico.*
e) Asunto o tema del que se trata: *hablamos de los tipos de interés.*
f) Edad: *este edificio tiene una antigüedad de cuarenta años.*
g) Precio: *el local de cincuenta millones es más amplio.*

Por

a) Expresa causa o motivo de acción verbal: *se preocupa por todo.*
b) Expresa tiempo: *por la mañana hay mucho trabajo.*
c) Indica lugar impreciso o de paso: *por aquí hay un informe.*
d) Indica cambio o sustitución: *lo hago por ti.*
e) Indica precio o transacción comercial: *lo venden por veinte millones.*
f) Indica medio, instrumento o manera de hacer algo: *llame por teléfono.*

Para

a) Indica finalidad, propósito o destino de la acción verbal: *este fax es para la directora.*
b) Indica finalidad, seguida de infinitivo: *sirven para canalizar el ahorro.*
c) Indica dirección o término de un movimiento: *es una carta para Bruselas.*

Acentuación

a) Cuando la palabra lleva el acento en la última sílaba (aguda) y termina en vocal o consonante n/s: *ahí, financiación, jamás.*

b) Cuando el acento va en la penúltima sílaba (llana) y termina en consonante que no sea n ni s: *fácil.*
c) Cuando la palabra lleva el acento en la antepenúltima sílaba o cualquier sílaba anterior (esdrújula o sobresdrújula): *rápido, técnico.*

Las siguientes palabras llevan tilde o no, de acuerdo con su función y significado:

aún (adv. de tiempo y de modo); **aun** (adv. de cantidad y modo)
dé (verbo dar); **de** (preposición)
él (pronombre); **el** (artículo)
más (adv. de cantidad); **mas** (conjunción adversativa)
mí (pronombre personal); **mi** (posesivo)
qué (interrogativo/exclamativo); **que** (relativo)
quién (interrogativo/exclamativo); **quien** (relativo)
sí (afirmación); **si** (conjunción condicional)
sé (verbo saber); **se** (pronombre)
sólo (adverbio); **solo** (adjetivo)
té (sustantivo); **te** (pronombre personal)
tú (pronombre personal); **tu** (posesivo)

Puntuación (I)

El punto *(.):* se pone después de oraciones con sentido completo (punto y seguido) o de párrafos (punto y aparte): *el Sistema Financiero está formado por un conjunto de instituciones.*

Se debe poner también detrás de las iniciales de las siglas y de las abreviaturas: *S. M. E., Vd.*

La coma *(,):* indica pausa y se emplea en la enumeración de palabras de la misma categoría: *existen unas instituciones financieras: los bancos, las cajas de ahorros, las compañías de seguros, etc.*

Los dos puntos *(:):* se emplean para hacer citas textuales, detrás del saludo de las cartas y para aclarar o dar ejemplos: *El Banco de España desempeña dos tipos de funciones: general y bancarias.*

Fechas

22 de agosto de 1994 (veintidós de agosto de mil novecientos noventa y cuatro).
10-7-72 (diez del siete del setenta y dos).

15-12-93 (quince del doce del noventa y tres).
Estamos a quince de agosto.
Estamos en el siglo veinte (Siglo XX).

Ordinales

Indican el lugar o número de orden y concuerdan en género y número con el sustantivo al que acompañan.

1.º	primero	20.º	vigésimo
2.º	segundo	21.º	vigésimo primero
3.º	tercero	30.º	trigésimo
4.º	cuarto	40.º	cuadragésimo
5.º	quinto	50.º	quincuagésimo
6.º	sexto	60.º	sexagésimo
7.º	séptimo	70.º	septuagésimo
8.º	octavo	80.º	octogésimo
9.º	noveno/nono	90.º	nonagésimo
10.º	décimo	100.º	centésimo
11.º	undécimo	1.000.º	milésimo
12.º	duodécimo		antepenúltimo
13.º	decimotercero		penúltimo
14.º	decimocuarto		último
15.º	decimoquinto		

Primero y tercero pierden, en masculino singular, la -o final cuando van delante del nombre; *es el primer banco del país.*

Los ordinales se utilizan, en general, hasta 10.º A partir de ahí suelen sustituirse por los cardinales: *Isabel I (primera).*

    Alfonso XII (doce).

Números romanos

Esta numeración se utiliza para indicar el número de orden en una sucesión: papas, monarcas, nobles, acontecimientos (congresos, ferias, festivales), siglos, el año de edificación de los monumentos y la numeración de los capítulos de los libros.

Felipe V (quinto)   *Pablo VI* (sexto)
Carlos III (tercero)   *Siglo XV* (quince)
Isabel II (segunda)   *MDCCLV* (1755)
Capítulo IV (cuarto)

I = 1	X = 10	C = 100
V = 5	L = 50	D = 500
		M = 1.000

Voces latinas usuales

Ab initio (desde el principio).

Ab hominem (argumentación en la que se rebate al contrario con sus propios argumentos).

Ad-hoc (a propósito).

A posteriori (demostración que va del efecto a la causa).

Ex cátedra (con tono doctoral).

In extenso (con todo detalle).

Inter nos (entre nosotros).

Nota bene (para agregar explicaciones a un texto).

Cultismos para indicar número

1, mono	7, hepta	100, hecta
2, bis/bi	8, octo	1.000, kilo
3, ter/tri	9, enea	10.000, miria
4, tetra	10, deca	
5, penta	11, undeca	
6, sex/hexa	12, dodeca	

Colisión: choque u oposición de principios o intereses.
Competencia: conjunto de funciones atribuidas a un órgano, una persona jurídica, de la Administración del Estado.
Concurrencia: competencia, coincidencia de competencias.
Frontera: línea que separa dos dominios; límites.
Persona jurídica: entidad que se forma para la realización de un fin colectivo, a la que la ley reconoce capacidad para derechos y obligaciones.

Asignatura: cada una de las materias que se enseña en un centro docente o forman un plan académico de estudios.
Bufete: despacho, oficina de abogados.
Hora lectiva: período de clase.
Licenciado: persona que ha obtenido el grado de Licenciatura en una Universidad.
Materia troncal: asignatura que pertenece al núcleo de formación básica.
Plan de estudios: conjunto de asignaturas, trabajos y prácticas que han de cursarse para cumplir un ciclo determinado de estudios y obtener un título.

Departamento de Orientación: unidad estructural en una institución académica destinada a proporcionar información y ayuda psicotécnica a los alumnos.
Despacho: oficina o local en el que un abogado atiende a sus clientes.
Funcionario: persona incorporada a la Administración Pública por una relación de servicios profesionales.
Guía de Estudios y Profesiones: libro de consulta que recoge los planes de estudio, instituciones docentes e información sobre el ejercicio profesional.
Hacer oposiciones: preparar y presentarse a los exámenes para incorporarse a la Administración Pública como funcionario (distintas categorías).
Salida profesional: posibilidades de ejercer la profesión.
Sentido común: capacidad de juzgar razonablemente las cosas.
Tutelado: protegido, guiado, orientado por alguien.

Establecer clasificaciones
  La primera división del Derecho se debe a...
  Se han establecido diversas clasificaciones, dependiendo de...
  Distinguimos entre Derecho Público y Derecho Privado.
  En el orden internacional, se ha formado...
  El Derecho de gentes...
  Otras ramas del derecho regulan...

Exponer criterios
  Siguiendo el criterio de utilidad...
  Si atendemos al criterio del ámbito...
  La nota mínima de acceso se ha establecido en...
  Cada crédito equivale a diez horas lectivas.

Dar razones y explicaciones
  Así, el Derecho Público tiene por objeto regular el orden.
  Por su parte, el Derecho Romano...
  Igualmente, se ha convenido en llamar...
  No puedo estudiar Medicina porque mi nota es muy baja.

Exponer y aclarar dudas
  Tengo algunas dudas sobre...
  Bueno... Se trata de las diferentes...
  Bien... La versatilidad de los estudios permiten...
  Después, podrás decidir eso.

El único problema es que...
No sé sí...
¿Alguna duda?

Informar (se) sobre aspectos profesionales

¿Has visto ya el Plan de Estudios?
Después, podrás especializarte en...
¿Tiene información más detallada?
Hay que hacer la pasantía.
Si te interesa, puedes hacer fotocopia de la Guía de Estudios.
Quisiera asegurarme sobre...

Expresar opinión, gustos, conclusiones

Es la típica carrera que tiene muchas salidas.
Creo que me gusta.
El esfuerzo se compensa con el prestigio social.
La versalitidad de la carrera te dará una visión global.

Dar órdenes e instrucciones

Pasa, pasa.
Siéntate.
Puedes hacer fotocopias de estas fichas.
Toma, llévate estos libros.

Tranquilizar

No te preocupes.
Lo importante es que te gusten las asignaturas, luego...

Exponer alternativas

Puedes trabajar en el comercio, en la banca.
Ya sea con los ciudadanos, ya sea con los demás estados.
Hacer oposiciones o trabajar en un despacho de abogados.

Hablar de capacidades y cualificaciones

Capacidad intelectual alta...
Profesional capacitado para defender...
Especializado en asesorar.
Profesional que tiene como misión...

Señalar requisitos

Requisitos: Licenciatura en Derecho y oposiciones.
Las condiciones para matricularse en una facultad son...
La carga lectiva no puede ser inferior a...
Hay que tener experiencia.
Es conveniente hacer un master.
En primer lugar, hay que...

Expresar ofertas y condiciones de trabajo

Se ofrece incorporación inmediata.
Ofrecemos retribución según...
Bufete internacional precisa...
Despacho de abogados ofrece...
Imprescindible español e inglés.

Gramática

Tiempos verbales

El pretérito imperfecto de indicativo expresa:

a) acción habitual en el pasado: *siempre leíamos lo mismo.*
b) sentido reiterativo o de repetición: *repetía a menudo la presentación.*

c) valor de cortesía: *queríamos pedirle algo.*
d) opinión: *me parecía una buena idea.*
e) sentido incoativo: *salíamos del banco cuando empezó a llover.*

El pretérito indefinido expresa:

a) una acción concluida en el pasado: *me exigió el carné.*
b) una acción interrumpida en cierto momento del pasado: *estuvimos en la biblioteca hasta que llegó el jefe.*

El pretérito perfecto de indicativo expresa:

a) una acción acabada, realizada en el pasado, asociada de alguna manera al presente: *hemos hecho la selección de candidatos.*

Imperativo

Es el modo con el que se expresan las órdenes, los ruegos, los mandatos, los deseos. Sólo tiene dos formas personales, segunda persona de singular y de plural (tú, usted, vosotros, ustedes). Las demás formas pertenecen al subjuntivo. También se utiliza el subjuntivo para expresar las prohibiciones.

Venga conmigo   *No vengan aquí*

Perífrasis con infinito

a) Tener que + infinitivo: expresa obligación, a veces inmediatez.
   Tengo que revisar este documento
b) Deber + infinitivo: expresa obligación moral.
   Las instituciones financieras deben cumplir unos requisitos.
c) Haber que + infinitivo: expresa obligación, con sentido impersonal y en tercera persona del singular.
   Hay que cumplir las normas.

Posesivos

a) Los pronombres y adjetivos tónicos concuerdan en género y número con el objeto poseído:

Singular		Plural	
masculino	femenino	masculino	femenino
mío	**mía**	**míos**	**mías**
tuyo	**tuya**	**tuyos**	**tuyas**
suyo	**suya**	**suyos**	**suyas**
nuestro	**nuestra**	**nuestros**	**nuestras**
vuestro	**vuestra**	**vuestros**	**vuestras**
suyo	**suya**	**suyos**	**suyas**

Ejemplos: *Esta oficina suya* (función adjetiva)
          La nuestra es más moderna (función pronominal)
b) Los adjetivos átonos van delante del sustantivo.

Singular		Plural	
masculino	femenino	masculino	femenino
mi		**mis**	
tu		**tus**	
su		**sus**	
nuestro	**nuestra**	**nuestros**	**nuestras**
vuestro	**vuestra**	**vuestros**	**vuestras**
su		**sus**	

Ejemplo: *Nuestros informes tienen fecha anterior.*

Pronombres personales (formas átonas)

singular	plural	
me	**nos**	(primera persona)
te	**os**	(segunda persona)
le/la/lo	**les/las/los**	(tercera persona)

132

En la tercera persona hay especialización de formas para el complemento directo y el indirecto:

		masculino	femenino	neutro
complemento	sing:	*lo/le*	*la*	*lo*
directo	plur:	*los/les*	*las*	—
complemento	sing:	*le*	*le*	—
indirecto	plur:	*les*	*les*	—

Adverbios

De modo: **bien, mal, peor, mejor, así,** etc. A esta categoría pertenecen la mayoría de los adverbios terminados en -mente, que se forman añadiendo esta terminación a la forma femenina del adjetivo: formal-**formalmente**; perfecta-**perfectamente**.

Frases adverbiales de modo: **de repente, de nuevo**, *otra vez*, etc.

Ya: tiene un valor de conjunción o de adverbio. Como adverbio confirma la realización de una acción, en pasado, presente o futuro: *ya he terminado*.

Todavía/Aún: puede señalar persistencia de la realidad o circunstancia:
Aún no hemos visto los salones.
No hemos llegado todavía.

Cuanto: relativo que se utiliza cuando el antecedente es indefinido. Delante de comparativos expresa la correlación en la intensidad de ambos:
Cuanto más duermes, más sueño tienes.
Cuanto antes comience la reunión, mejor.
Cuanto mayor sea el riesgo, mayor será la rentabilidad.

Memoria

Puntuación (II)

El punto y coma (;): indica una pausa más intensa que la coma: *Nos enseñó las instalaciones; luego nos sentamos en su despacho.*

Los puntos suspensivos (...): indican que el discurso queda sin terminar.

Los signos de interrogación y de admiración (¿?¡!): van al principio y al final de la frase interrogativa o exclamativa: *¿Para qué sirve...? ¡Estupendo!*

Números cardinales

1.	uno	11.	once	21.	veintiuno	100.	cien/ciento
2.	dos	12.	doce	22.	veintidós	101.	ciento uno
3.	tres	13.	trece	30.	treinta	102.	ciento dos
4.	cuatro	14.	catorce	31.	treinta y uno	200.	doscientos
5.	cinco	15.	quince	40.	cuarenta	210.	doscientos diez
6.	seis	16.	dieciséis	50.	cincuenta	300.	trescientos
7.	siete	17.	diecisiete	60.	sesenta	400.	cuatrocientos
8.	ocho	18.	dieciocho	70.	setenta	500.	quinientos
9.	nueve	19.	diecinueve	80.	ochenta	600.	seiscientos
10.	diez	20.	veinte	90.	noventa	700.	setecientos

800.	ochocientos	1.000.000.	un millón	
900.	novecientos	2.250.000.	dos millones doscientos cincuenta mil (dos millones y cuarto)	
1.000.	mil			
2.000.	dos mil	5.500.000.	cinco millones quinientos mil (cinco millones y medio)	

División de palabras

a) toda consonante entre dos vocales se agrupa con la segunda: *rá-pi-do.*

b) cuando hay dos consonantes entre dos vocales, la primera se agrupa con la vocal anterior y la segunda con la posterior: *im-por-tan-te.*

c) los grupos consonánticos que llevan *l* o *r* como segundo elemento, no se separan: *in-glés.*

d) tres consonantes juntas entre dos vocales, se agrupan las dos primeras con la vocal anterior y la tercera con la posterior: *ins-tan-cia.*

e) ch, ll, rr, no se separan: *mi-llón, a-ho-rro, te-cho.*

f) el prefijo des- puede separarse solo o en sílabas (seguido de vocal): *des-a-jus-tar, de-sa-jus-tar.*

Correspondencia

Fórmulas de saludo

Señor / Señores, Muy señor mío / Muy señores míos, Muy señor nuestro / Muy señores nuestros, Distinguido señor / Distinguidos señores. Cuando se escribe a una persona con la que se tiene una cierta amistad se emplea *Estimado* o *Apreciado Sr.*

Las fórmulas que se van a emplear en el **cuerpo** de la carta guardan relación con el asunto que van a tratar, como, por ejemplo:

a) Para comenzar un negocio o bien ofrecer nuestros servicios:
   - *Nos es grato comunicarles...*
   - *Por la presente queremos informarles de...*
   - *Me complace comunicarles...*

b) Para contestar a una carta:
   - *Con esta fecha acusamos recibo de su escrito...*
   - *En contestación a su atento escrito de fecha...*
   - *De acuerdo con las especificaciones hechas en su carta de fecha...*

c) Para hacer un pedido:
   - *Agradecemos se sirvan remitirnos a la mayor brevedad...*
   - *Con fecha 1 de diciembre hemos recibido la mercancía n.º...*

d) Para hacer una reclamación:
   - *Lamentamos sinceramente lo ocurrido...*
   - *Nos vemos en la necesidad de solicitar una aclaración sobre...*
   - *Lamentamos manifestarle que devolveremos la mercancía...*

e) Para reclamar un pago:
   - *Le agradeceremos se sirva enviarnos un cheque por...*
   - *Con esta fecha giraremos a su cargo una letra pagadera el...*

En la **despedida** las fórmulas tienden a simplificarse cada vez más, las más frecuentes son:
- *Les saludamos muy atentamente.*
- *Atentamente, les saludan.*
- *Reciban mis atentos saludos.*
- *Saludos cordiales.*

Pero esta fórmula de despedida suele enlazarse con el último párrafo de la carta mediante una frase, como, por ejemplo:
- *Quedamos a su entera disposición y...*
- *Esperando sus prontas noticias...*
- *Con el deseo de haberles complacido...*
- *Le damos las gracias por su deferencia y...*

Mayúsculas

Se escribe con mayúsculas:

a) La primera palabra de un escrito y después de un punto.

b) Después de una interrogación o exclamación, si no hay coma interpuesta.

c) Después de los dos puntos del saludo de las cartas.

d) Los nombres propios y sus sobrenombres: *Jaime el Conquistador.*
   Títulos y nombres de dignidad: *El jefe de Gobierno, la Duquesa de Alba.*
   Instituciones y corporaciones: *El Ministerio de Hacienda.*

e) El artículo que acompaña al nombre de una ciudad: *El Cairo.*

f) Los nombres de obras literarias: *Don Quijote.*

g) Los tratamientos, especialmente si van en abreviatura: *Ilustrísimo Señor, Ilmo. Sr.*

h) La numeración romana: *MDCCLV (1755).*

UNIDAD 3

Cuota de participación: parte proporcional.

Entrar en vigor: comenzar la validez legal de las leyes.

Esclavitud: estado de privación de libertad de un individuo o grupo social, que ha sido sometido por otro individuo o grupo social.

Diccionario A

Ratificar: confirmar.
Supeditarse: someter alguien su opinión o decisión a otra persona o cosa.
Transgresión: infracción, violación de la ley.

Diccionario B

Litigar: entablar o mantener un litigio o pleito.
Pleito: litigio, controversia judicial entre partes.
Potestad: dominio, poder jurisdiccional o facultad que se tiene sobre una cosa.
Reo: inculpado.

Diccionario C

Ámbito: esfera de influencia o interés; campo, especialidad.
Interesado: persona que tiene interés en un asunto; que está afectada.
Juzgado: sitio donde se juzga; órgano judicial unipersonal integrado por un juez, un secretario y el personal auxiliar.
— **Contencioso-Administrativo:** competente en recursos contencioso-administrativos.
— **de Menores:** su función es la corrección de menores que han incurrido en conductas tipificadas como delito o falta.
— **de Paz:** conocimiento y fallo de procesos de pequeña cuantía.
— **de Primera Instancia e Instrucción:** competencia en el orden civil (procesos y recursos civiles) y penal (instruyen causas por delito y conocen y fallan en juicios de faltas).
— **Penal:** conocimiento y fallo de las causas por delitos castigados con penas no superiores a los seis años y otras menos graves.
— **Social:** conocen en primera y única instancia procesos relativos a derecho del trabajo y reclamaciones en contra de la Seguridad Social o contra el Estado.
— **de Vigilancia Penitenciaria:** ejercen la vigilancia del cumplimiento de las penas de prisión, adoptan medidas de seguridad, controlan las facultades disciplinarias de las autoridades penitenciarias y tutelan los derechos de los internos en los establecimientos penitenciarios.

Funciones

Exponer conceptos básicos
La Constitución es la ley fundamental.
El Estado es una entidad estable y permanente.
La soberanía es la característica de determinados poderes...
El Poder Judicial es uno de los tres poderes fundamentales.

Indicar relación, causa y efecto
A ella deben someterse...
Tendrán que supeditarse...
Están sometidos al imperio de la ley.
No están sujetos a ningún otro poder.
Sus decisiones afectarán a...
Consecuentemente,...
¿Qué implicaciones tiene la separación de poderes?

Describir organizaciones y su estructura
Grupo social formado jurídicamente.
Se subdivide en...
El Estado se organiza territorialmente...
Existen 17 Tribunales Superiores de Justicia.
La Audiencia Nacional está compuesta por tres salas.
Organización Judicial Española: Órganos Unipersonales, Órganos Colegiados y otros.
Están integrados por un Presidente y dos Magistrados.

Establecer derechos, deberes y obligaciones
Todo individuo tiene derecho a la vida.
Por tanto, los gobiernos deben...
Nadie estará sometido.
Grupo de ciudadanos que debe emitir su opinión.

Indicar funciones y responsabilidades

La función jurisdiccional se ejerce a través de...
Su jurisdicción se extiende a...
Conoce en materia civil y penal.
Tiene como misión promover la acción de la justicia.
Se ocupa de vigilar el cumplimiento de las penas.
Según las normas de competencia que se establezcan.
El Secretario depende de...

Describir objetivos y contenido

Los objetivos de la Constitución son...
El texto reconoce las libertades individuales.
En el preámbulo se exponen los motivos.
Las disposiciones adicionales recogen...

Analizar la estructura de los textos legales

El Título II estipula...
El capítulo primero está destinado a...
En el Título Preliminar se encuentra la parte dogmática.
Consta de varios Títulos, divididos en capítulos.

Explicar procedimientos legislativos

Consta de tres fases: introductoria, constitutiva y de entrada en vigor.
En el momento de la tramitación...
Una vez recibida por la mesa del Congreso...
A continuación, el juez nos preguntará...
Tras la discusión y votación...
Finalmente, se remite a...

Señalar principios de jerarquía normativa

A la Constitución deben someterse todas las demás normas.
De acuerdo con su rango...
Un Decreto... mientras que una Orden Ministerial...

Exponer decisiones y actuaciones

Su decisión afectará a...
Ese es el procedimiento que vamos a seguir.
¿Cuáles son las decisiones básicas?
Habían pensado optar por...

Uso del subjuntivo

Gramática

a) El verbo principal niega la constatación de la realidad:
No creo que venga.
No es cierto que lo sepa.
b) El sujeto del verbo principal influye sobre el sujeto de la subordinada:
Le aconsejo que invierta.
c) El verbo principal expresa reacción subjetiva del sujeto de la principal ante el hecho expresado por la subordinada:
Me molesta que no me lo digas.
d) El verbo principal expresa un juicio de valor:
Es necesario que asistas a la reunión.
e) Expresa un hecho no experimentado:
Cuando llegue, avíseme.

Expresiones que llevan subjuntivo:
Es necesario que...
Es lógico que...
Es importante que...

Es fundamental que...
Es curioso que...
Es natural que...

El verbo necesitar
Necesitar + complemento directo: *necesito información.*
Necesitar + infinitivo: *necesito ahorrar para este verano.*
Necesito que + subjuntivo: *necesito que me ayudes.*

Tiempos verbales

El presente de subjuntivo se usa:

a) en oraciones subordinadas: tiene matiz de futuro.
    Quiero que presentes este espacio televisivo.
    Me han pedido que les explique.

b) en oraciones independientes:
    — imperativas negativas: *no me acompañes.*
    — dubitativas, indicando probabilidad (detrás de los adverbios, quizás, acaso, tal vez, seguramente, posiblemente): *quizás visitemos el centro de cálculo.*
    — exclamativas y desiderativas: *¡Que te den el puesto de trabajo!*
    — en oraciones reduplicativas: *haga lo que haga, dígamelo.*

El futuro de indicativo expresa:

a) una acción futura en relación al momento en que se habla:
    Mañana continuaremos la explicación.

b) obligación en futuro, en lugar del imperativo:
    El director estudiará la zona.

c) probabilidad, suposición o vacilación:
    No sabemos qué estarán diciendo.

d) Sorpresa, en oraciones interrogativas y exclamativas:
    ¿Se atreverá a repetirlo?
    ¡Tendrá valor!

Oraciones subordinadas temporales

Señalan el tiempo en que se realiza lo indicado por la oración principal. Las partículas utilizadas como nexos son: **cuando, en cuanto, como, que, mientras, después, antes.**

Oraciones adversativas

Las coordinadas adversativas son aquellas oraciones en las cuales se contrapone una oración afirmativa y otra negativa. Las conjunciones utilizadas como nexo son: **más, pero, empero, sino, aunque, no obstante, antes bien, sin embargo.**

Varias locuciones pueden tener valor adversativo: **excepto, fuera de, más que, salvo que, con todo, antes bien.**

Oraciones subordinadas causales

Este tipo de oraciones explican la causa o motivo por la que se lleva a cabo la acción principal.

Los nexos utilizados son: **que, pues, porque, puesto que, de que, ya que, como, como que, pues que, supuesto que, como quiera que, en vista de que, por cuanto, a causa de que, cuando, etc.**

Oraciones subordinadas consecutivas

Expresan la consecuencia que se sigue de lo expuesto en la oración principal.

a) consecuencia causal: **luego, por consiguiente, por tanto, por lo tanto, por esto, así que, así pues, con que.**

Ejemplo: *el ejercicio de este año ha sido muy positivo. Por consiguiente deseo felicitar a todo el equipo que lo ha hecho posible.*

Oraciones coordinadas distributivas

Se utilizan para hacer referencia a una distribución de acción entre varios sujetos o diversos lugares, tiempos o circunstancias. Se enlazan mediante palabras correlativas: *ya... ya, bien... bien, sea... sea: ya sea en España ya en el extranjero.*
Bien en dinero bien en cheque.

Adverbios de afirmación:
Sí, verdaderamente, también.

Adverbios de negación:
No, nunca, jamás, tampoco.

Adverbios de duda:
Quizá, tal vez, acaso, a lo mejor.

Adverbios de cantidad
Más, menos, muy, mucho, poco, demasiado, bastante, todo, nada, casi, algo, solo, tan, tanto.

Los adverbios tanto y mucho se acortan (tan y muy) delante de un adjetivo o de un adverbio: *era un asunto tan importante...*
Eso está muy bien.

Perífrasis verbales de gerundio.
a) **Acabar + gerundio:** expresa el final de un proceso: *acabó ganando.*
b) **Estar + gerundio:** indica una acción que tiene lugar en el momento de que se habla: *estamos intentando recuperar lo invertido.*
c) **Salir + gerundio:** indica que la acción es el resultado final: *salimos ganando.*
d) **Seguir + gerundio:** expresa insistencia y repetición de la acción: *estos valores siguen subiendo.*

Perífrasis verbales con infinitivo
a) **Ir a + infinitivo:** expresa una acción futura inmediata, con matiz de intencionalidad: *hoy vamos a iniciar el tema IV* (tengo la intención).
b) **Dejar de + infinitivo:** indica la finalización de una acción que estaba desarrollándose: *ya ha dejado de hablar.*
c) **Acabar de + infinitivo:** expresa una acción acabada inmediatamente antes del momento en que se desarrolla la acción: *acabo de llamarle.*
Acaba de estallar una guerra comercial.

EL TRATAMIENTO

Memoria

En español se hace mediante el empleo del pronombre *usted/ustedes* y el verbo que concuerda en tercera persona del singular o del plural. Cuando el escrito va dirigido a persona o personas con las que tenemos lazos comunes de amistad o confianza, se emplea el pronombre **tú/vosotros,** y el verbo concuerda en segunda persona del singular o del plural; esta segunda forma se usa sobre todo en cartas de tipo familiar o social.

Cuando los escritos van dirigidos a dignidades, jerarquías o cargos, se emplean las fórmulas de carácter reverencial o burocrático. Las que van a continuación son aquellas de uso más frecuente:

Majestad, S. M., Vuestra Majestad, V. M.: para el Rey.

Alteza Real, A. R.: para el Príncipe heredero.

El principio del escrito irá encabezado con el tratamiento **Señor, Serenísimo Señor,** o **Señora, Serenísima Señora.** Dentro del escrito se emplea **Majestad, Alteza,** o **Vuestra Majestad, Vuestra Alteza.**

Excelentísimo Señor: para el Presidente del Gobierno.
Miembros del Consejo del Reino.
Miembros del Tribunal Supremo de Justicia.
Miembros del Tribunal de Cuentas.
Gobernadores Civiles.
Presidentes y Fiscales de las Audiencias Territoriales.
Presidentes de las Comunidades Autónomas.
Alcaldes de Madrid y Barcelona.
Rectores y Vicerrectores de las Universidades.

Ilustrísimo Señor: para Subsecretarios y Directores Generales.

> Generales del Ejército.
> Alcaldes de capitales de provincia.
> Magistrados.
> Presidentes de las Diputaciones Provinciales.
> Directores de Institutos de EE. MM.
> Decanos y Vicedecanos de las Facultades.
> Directores de las Escuelas Técnicas Superiores.

Cuando el destinatario de una carta o escrito sea una mujer, se utilizará la terminación correspondiente. Por ejemplo: *Muy señora mía; Distinguida señora; Excelentísima Señora, etc.*

Abreviaturas (ver apéndice)

A.R.: Alteza Real
Dr.: Doctor/Director
Excmo.: Excelentísimo
Fdo.: Firmado
Ilmo.: Ilustrísimo
Iz./Izq.º: izquierdo

Sr. D.: Señor Don
Sra. D.ª: Señora Doña
Sres.: Señores
Srta.: Señorita
S.M.: Su Majestad
V.M.: Vuestra Majestad

UNIDAD 4

Diccionario A

Ajeno: perteneciente a otro.
Apelación: impugnación de la resolución dictada por un juez.
Canónico: conforme a las disposiciones eclesiásticas.
Código: conjunto de preceptos legislativos, dispuestos según un plan metódico y sistemático.
Hecho probatorio: acción o acontecimiento que sirve para probar la verdad de una cosa.
Litis: pleito, litigio judicial.
Rama (del Derecho): cada una de las partes en las que se subdivide el Derecho.

Diccionario B

Agente Judicial: funcionario subalterno que, sin cargo jurisdiccional, coopera en la Administración de Justicia de forma permanente.
Allanamiento: conformidad.
Desahucio: expulsión del arrendatario de una finca rústica o urbana, o de un piso.
Desestimiento: renuncia o abandono voluntario de un derecho.
Diligencia: cumplimiento de una resolución judicial. Acta en la que se consignan las actuaciones judiciales.
Embargo: ocupación e intervención judicial de determinados bienes, con el fin de sujetarlos al cumplimiento de responsabilidades derivadas de un débito.
Encabezamiento: parte introductoria de un documento.
Fe pública: autoridad legítima atribuida a los notarios, cónsules y secretarios de juzgado y tribunales para que lo contenido en los documentos que expiden en debida forma se tenga por verdadero, salvo prueba en contrario.

Diccionario C

Agravante: circunstancia que incrementa la gravedad de un delito.
Atenuante: circunstancia que disminuye la responsabilidad de un delito.
Culpable: responsable de un delito o falta.
Encubridor: persona que comete un acto delictivo impidiendo la actuación de la justicia, al ocultar un delito.
Eximente: circunstancia que libera de la responsabilidad de un delito o falta.
Honorarios: retribución percibida como sueldo por aquellas personas que ejercen profesiones liberales.
Imputado: individuo al que se atribuye un delito o falta.
Perpetración: acción y efecto de cometer un delito.
Su Señoría: tratamiento dado a los jueces.

Definir

El Derecho Procesal es una rama del Derecho Público.
Por otra parte, se trata de un conjunto de normas.
El proceso es una institución de la función jurisdiccional.
El objeto del proceso es la pretensión que se trata de satisfacer.
Es la ciencia jurídica que atiende al estudio del proceso.

Comentar temas profesionales

En el procedimiento penal, los trámites son de oficio.
Se trata del orden de tramitación.
¿Qué es la función jurisdiccional?
¿Cuál es la diferencia entre proceso y procedimiento?
¿A qué se denomina Turno de Oficio?

Exponer principios jurídicos

Los podemos reducir a dos principios.
Está el principio de justicia rogada y el de disposición de las partes.
Se basa en la igualdad de las partes.
Libre acceso de los particulares a los tribunales.
Nadie puede ser condenado sin haber sido escuchado.

Aclarar conceptos

Nos referimos a..., esto es, al conjunto de normas...
Con ello quiero decir que...
El general u ordinario, establecido para...
En caso de sobreseimiento (cuando no hay base suficiente para abrir juicio oral).

Explicar procedimientos, actos e instrumentos

Una providencia tiene por objeto...
Por medio de la sentencia...
El Juzgado comunica la resolución mediante...
La sentencia se estructura en varias partes.
El encabezamiento identifica...
La parte dispositiva es el Fallo.
Se inicia con una demanda.
Cuando se recibe el Sumario...
Es un procedimiento más rápido.

Indicar agravantes y atenuantes

Cometer el delito por precio o recompensa.
Con nocturnidad y alevosía.
Actuó en legítima defensa.
Tuvo que hacerlo por imperativo legal.
Hay circunstancias eximentes.

Establecer grados

De un mes y un día a seis meses.
Prisión mayor: de seis años y un día a doce años.
El grado máximo va de 26 años y un día hasta treinta años.
Te pueden caer hasta diez años.

Señalar condiciones

Si el acusado hubiera tenido menos de dieciséis años...
Puedes alegar legítima defensa.
Si existiese autor, cómplice o encubridor.
Si, a juicio de Su Señoría, existiesen indicios...
¿De noche y en un descampado?

Hablar de fuentes bibliográficas

El Código Civil se usa para...
La Ley de Enjuiciamiento Criminal se consulta cuando...

Te conviene leer la Ley del Jurado por si...
La Legislación de Extranjería trata de...
Lo más práctico es consultar una base de datos actualizada.
Se utiliza para...

Expresar resoluciones judiciales

Se solicita la apertura del juicio oral.
El T.S declara no haber lugar al recurso.
Por lo expuesto, el motivo debe ser desestimado.
Se decreta la prisión provisional.

Indicar periodicidad

Usted recibirá periódicamente nuestro CD-ROM.
Envían un volumen cada cuatro meses.
Tiene una actualización trimestral.
Tenemos una reunión semanalmente.
La revista se publica dos veces al año.

Gramática

Tiempos verbales

Futuro hipotético o condicional

Indica una acción futura, un hecho irreal, probable o posible.

a) futuro en el pasado: *me dijo que llamaría.*

b) consejo, sugerencia o cortesía: *debería tomar nota.*
   ¿Podría venir mañana?
   ¿Te vendría bien a las diez?

Oraciones subordinadas finales

Son aquellas que expresan el fin o la intención con que se realiza la acción señalada por la oración principal.

Como nexos se utilizan las locuciones: **para que, a fin de que, a que.**

Le anima a que ahorre/para que ahorre.
¿Para qué se abren sucursales bancarias?
Voy al banco a fin de poner en claro mi situación económica.

a) Cuando el sujeto del verbo de la oración principal y el sujeto de la oración subordinada es el mismo, se utiliza el infinitivo del verbo en la oración subordinada, omitiendo la partícula «que»:
   Lo escribió en la pizarra para dejarlo claro.

b) Si los sujetos de la oración principal y la subordinada no son los mismos, hay que utilizar el subjuntivo en el verbo de la oración subordinada:
   Lo escribió para que no se confundieran los alumnos.

Oraciones subordinadas condicionales

Son todas aquellas en las que la realización de lo señalado en la oración principal está condicionado por el cumplimiento de lo expresado en la subordinada. Generalmente este tipo de subordinadas se introduce con el nexo «si».

a) Oración subordinada

Oración subordinada	Oración principal
Presente de indicativo	Presente de indicativo
Pretérito perfecto de indicativo	Futuro
	Imperativo

Si tiene una empresa, le ayudaremos.
Si ha llegado el fax, tráemelo.
Contestaremos a nuestros clientes.

Pretérito imperfecto de indicativo — Pretérito imperfecto de indicativo
Si leía muchos informes, se cansaba y tenía que descansar.

Pretérito pluscuamperfecto de indic. — Pretérito imperfecto de indicativo
Condicional

Si había terminado la reunión, {
pedía un café.
la comentaría.
}

b) Si la acción que se señala es presente o futuro (posible o imposible), se utiliza el imperfecto de subjuntivo. Si la acción es pasado, se utiliza el pluscuamperfecto.

Oración subordinada   Oración principal
Pretérito imperfecto de subjuntivo   Condicional
    Si captases muchos clientes, no tendrías problemas.
Pretérito pluscuamperfecto   Pretérito pluscuamperfecto de subjuntivo
de subjuntivo   Condicional simple
                      Condicional perfecto

Si hubieras llegado a tiempo, { *hubieras entendido la conferencia.*
                        entenderías la conferencia.
                        habrías entendido la conferencia.

Grados de comparación

a) igualdad: **tan... como, tanto... como**
   Este servicio es tan rápido como el anterior.
   No uso tanto la tarjeta de crédito como los cheques.
b) superioridad: **más... que**
   Es más importante el cliente que el negocio.
c) inferioridad: **menos... que**
   Este documento está menos claro que el fax.
d) formas irregulares:

positivo	*comparativo*	*superlativo*
bueno	mejor	óptimo, el mejor
malo	peor	pésimo, el peor
pequeño	menor	mínimo, el menor
grande	mayor	máximo, el mayor

e) **tanto... como, tan poco... como**

Puntuación (III)

Las comillas («...»): se utilizan para encerrar frases o palabras textuales: *la empleada comentó: «A continuación, veremos la sala de operaciones».*

El paréntesis ((...)): se utiliza para aclarar algo en una frase. También se emplea para desarrollar abreviaturas o siglas: *S.F.E. (Sistema Financiero Español),* o especificar cifras o fechas: *1.500 (mil quinientas).*

El guión (-): se usa para dividir las palabras al final de la línea, para separar compuestos: *cuenta-vivienda.*

El guión largo (—): puede sustituir al paréntesis y se utiliza para introducir diálogos: *—Hola, ¿que tal está?*

Siglas

El artículo que acompaña a las siglas concuerda en género y número con el desarrollo de las mismas:

El S.M.E.: *El Sistema Monetario Europeo.*
Los RR.CC.: *Los Reyes Católicos.*

Ordenación o enumeración

ante todo	a este respecto
antes de nada	al respecto
antes que nada	en lo que concierne a
por de pronto	en lo concerniente a
primero de todo	en lo que atañe a
en primer lugar (en segundo...)	en lo tocante a
por último	por lo que se refiere a
por fin	por lo que afecta a
finalmente	por una parte/por otra
en cuanto a	de un lado/de otro
respecto de	

Restricción o atenuación

sin embargo
con todo
aun así
a pesar de ello
así y todo

al fin y al cabo
a (en) fin de cuentas
es verdad que... (pero)
ahora bien
en cambio

Adición

además
asimismo
por otra parte
al mismo tiempo
algo parecido/semejante ocurre con

es más
cabe añadir/observar
otro tanto puede decirse de
por el contrario
en cambio

UNIDAD 5

Diccionario A

Cónyuge: con relación a una persona, la otra —marido o mujer— que está casada con ella.

Correos: oficina del servicio postal.

Decanato: despacho del Decano (Presidente de la corporación).

D.N.I.: Documento Nacional de Identidad.

Estanco: local donde se venden sellos, tabaco y cerillas.

Médico forense: funcionario técnico del estado que asiste al juez en asuntos médicos legales.

Multa: pena o sanción pecuniaria que se impone por haber cometido una infracción.

Reparto: distribución.

Reprografía: conjunto de técnicas que sirven para reproducir documentos. Servicio de reproducción.

Diccionario B

Balística: ciencia que estudia los movimientos de los cuerpos lanzados en el espacio y, especialmente, de los proyectiles. Balística forense: rama que tiene por objeto la peritación de los casos de homicidio o lesiones por arma de fuego.

Dactiloscopia: examen de las huellas digitales.

Despejar la Sala: dejarla libre; desocuparla.

Expresión gestual: conjunto de actividades y gestos que permiten comunicar y traducir situaciones emocionales o psíquicas.

Interrogar: preguntar.

Testigo: persona que declara en un juicio sobre datos procesales.

Veredicto: fallo pronunciado por un jurado sobre un hecho sometido a su juicio.

Diccionario C

Estafa: delito de apropiación de patrimonio de otra persona.

Homicidio: muerte de una persona causada voluntariamente por otra.

Hurto: delito que comete la persona que se apodera de un bien mueble de otra.

Preventivo: corrección disciplinaria que la ley permite a los tribunales.

Robo: delito de apropiación de un bien de otra persona, mediante violencia o intimidación.

Tasa: magnitud expresada en valores absolutos o en porcentaje.

Funciones

Expresar condiciones

Los mayores de 16 años y los que tengan...
La denunica falsa es un delito.
Cuando se celebre el juicio, debe acudir con...
Sólo en aquellos casos en que el juez estime...
Podrá leer su declaración antes de firmarla.
Excepcionalmente, puede excusarse.
En su caso, no habrá...

Indicar lugar y localización

En el juzgado de guardia de la localidad.
La biblioteca está en la primera planta.
El fiscal se sienta al otro lado.
Es ahí enfrente.

Hablar de trámites y gestiones

Una vez presentada la denuncia...
Conviene saber:...
¿Tengo obligación de...?
Debe acudir provisto del D.N.I.
Conviene que sepa cómo...
Entonces, el juez le preguntará...

Recordar derechos, deberes y obligaciones

Están obligados a denunciar.
No están obligados a denunciar.
En ambos casos es obligatoria la asistencia.
El Juez y el Fiscal tienen la obligación de...
La denuncia por escrito deberá ser firmada.
Debe exigir resguardo.

Asentir y disentir

¡Eso es!
No, no. De ninguna manera.
Sí, sí. Lo recuerdo.
No. Primero es la pericial.
No creo que haya que hacerlo.
¡Perfecto!
Absolutamente de acuerdo.

Manifestar dudas

No tengo muy claro...
¿Cuál es la diferencia entre... y...?
¿Me podría aclarar...?
¿Los testigos están en la sala?
No sé... No creo que pueda.

Confirmar información

Después es la documental, ¿verdad?
In dubio pro reo, ¿no?
¿Cuándo sabremos la sentencia?

Cambiar de tema

Ahora, vamos a...
Si le parece, vamos a comentar.
Me gustaría comentarle...

Dar instrucciones

Recuerde lo que le dije sobre la vestimenta.
Si ve que no recibe respuesta, podrá pedir información.
Procure hablar claro.
Usted debe mantener la calma.

Plantear hipótesis

¿Qué ocurriría en el caso de...?
¿Y si...?
¿Cree que tendremos que recurrirla?

144

Se + verbo

a) Es una pasiva refleja con el verbo en tercera persona del singular (si el sujeto es singular) o del plural (en caso contrario): *las entidades se clasifican de acuerdo con..., cada banco se especializa.*

b) Construcción impersonal.

1. **Se + verbo** transitivo o intransitivo en tercera persona del singular + adverbio: *se habla mucho.*

2. **Se + verbo** transitivo en tercera persona del singular + objeto directo: *se estudia la zona.*

Voz pasiva

Cuando se quiere dar mayor énfasis al complemento directo se puede utilizar la voz pasiva: sujeto paciente + voz pasiva + sujeto agente:

La oficina fue amueblada totalmente en blanco.
La directora ha sido nombrada por el Consejo de Administración.
Voz activa: *El Consejo de Administración ha nombrado a la directora.*

Pronombres reflexivos

Se caracterizan porque siempre se refieren al sujeto de la oración: *se vuelven los tres juntos.*

Las formas de los pronombres reflexivos coinciden con la de los pronombres átonos (**me, te, nos, os**), a excepción de las terceras personas, singular y plural, cuyas formas son: **se, si, consigo**, para el singular y el plural.

Se utilizan con verbos transitivos e indican que la acción recae sobre el mismo sujeto que la ejecuta: *se ha sentado a la mesa.*

Adverbios

Los adverbios carecen de género y número. Generalmente van detrás del verbo, aunque algunos suelen ir delante.

a) **de tiempo:** ayer, hoy, mañana, ahora, antes, después, luego, siempre, nunca, todavía, pronto, tarde, temprano, mientras, etc.

b) **frases adverbiales de tiempo:** por la mañana, por la tarde, por la noche, etc.

c) **de lugar:** aquí, ahí, allí, abajo, delante, detrás, dentro, fuera, cerca, lejos, etc.

d) **frases adverbiales de lugar:** en el centro, a la derecha, a la izquierda, etc.

Tiempos verbales

Pretérito imperfecto de subjuntivo

a) en oraciones subordinadas: expresa una acción que puede ser pasada, presente o futura: *busqué un local que fuera grande.*

b) en oraciones independientes: expresa una acción presente o futura solamente: *quisiera hablar con usted.*

Pretérito perfecto de subjuntivo

Se refiere a una acción ya concluida pero cuya realidad se presenta como hipotética. En cuanto al tiempo, la acción en sí puede ser pasada o futura.

a) en oraciones subordinadas: *no creo que hayan venido ya.*

b) en oraciones independientes: *¡Ojalá que hayan llegado! Tal vez se hayan quedado en la oficina a trabajar.*

Preposiciones
De/desde:

a) indican punto de partida en el espacio o en el tiempo: *de Madrid a Estocolmo tardamos más de cuatro horas. Desde Barcelona son sólo tres horas.*

b) desde, se utiliza también, si no se especifica el término de la acción verbal: *no le veo desde ayer.*

En:

a) expresa la idea de relación estática, de reposo: *la sucursal está en la calle Mayor.*

b) indica precio, instrumento o medio: *vamos en avión, hablan en español, lo adjudicaron en tres millones...*

c) significado modal: *en serio.*

A/hasta:

Delimitan el punto de llegada o el momento: *abierto de 8.00 a 13.00.*
Hemos estado aquí desde las tres hasta las cinco.

Estilo directo:

Es el que se utiliza para repetir textualmente las palabras del hablante al que menciona:
El presidente dijo: «Estamos inmersos en una revolución bancaria».

Estilo indirecto

En el estilo indirecto, el hablante transmite lo que alguien dice, ha dicho o dirá. Los cambios de estilo directo o indirecto afectan a los tiempos verbales, a las personas gramaticales y a los adverbios de lugar y tiempo.

a) Cuando el hablante transmite un mensaje en presente, los tiempos verbales no sufren variación (excepto el imperativo, que pasa a presente de subjuntivo):

Me quedo a terminar esto.   *Dice que se queda a terminar esto.*
Termine su trabajo.   *Dice que termine su trabajo.*

b) Cuando el hablante relata algo en pasado la correspondencia de tiempo es:

Presente de indicativo	Imperfecto de indicativo
Imperfecto de indicativo	Imperfecto de indicativo
Futuro de indicativo	Condicional
Indefinido de indicativo	Pluscuamperfecto de indicativo
Pretérito perfecto de indicativo	Pluscuamperfecto de indicativo
Pluscuamperfecto de indicativo	Pluscuamperfecto de indicativo
Futuro perfecto	Condicional perfecto
Condicional	Condicional
Imperativo	Subjuntivo (imperfecto)
«He mecanografiado la carta»	*Dijo que había mecanografiado la carta.*

Oraciones subordinadas concesivas

Se hace referencia a la existencia de una dificultad u obstáculo para poder hacer algo. La oración principal indica que se llevará a cabo la acción a pesar de la dificultad. Las dos oraciones se unen por medio de: **aunque, si bien, a pesar de, por más que.**

Oraciones subordinadas modales

Se expresan:

a) **Como:** cuando el antecedente es un sustantivo o un adverbio de modo: *se portó muy mal, como solía.*
b) **Como para + infinitivo:** *la Bolsa no está como para invertir.*
c) **Según:** *todo se acordó según estaba escrito* (de la forma).

Consecuencia	Opinión	Resumen
así	a juicio de muchos/de expertos	en suma
de ahí que	en opinión general	en resumen
pues	a mi (su/tu) entender/parecer	total
por tanto	opino que	en resumidas cuentas
pues así	según (...) en fin	en una palabra
por lo tanto		
por consiguiente		
en consecuencia		
consecuentemente		
total que		
de modo que		
de suerte que		
por ende		

Demostración

efectivamente
en efecto
tanto es así (que)
por supuesto
ciertamente

desde luego
lo cierto es que
la verdad es que
sin duda (alguna)

La hora

¿Qué hora es?
{
Es la una (13.00)
Son las doce (12.00)
Son las doce y cuarto (12.15)
Son las dos y media (14.30)
Es la una menos cuarto (12.45)
Son las doce y diez (12.10)
Son las doce y veinte (12.20)
Es la una menos veinte (12.40)
Es la una menos cinco (12.55)
}

También se puede decir:
08.45: las ocho cuarenta y cinco.
08.00: las ocho en punto.
08.15: las ocho quince.
08.30: las ocho treinta.

Porcentaje

Número de cualquier clase de cosas que se toma, o se considera, de cada cien de ellas: *el porcentaje de mujeres que trabaja en la banca.*

Tanto por ciento: interés producido por cien unidades monetarias en la unidad de tiempo que se especifique: *al 16% (dieciséis por ciento) anual.*
al 5% (cinco por ciento) mensual.

Multiplicativos

Indican idea de colectividad en una cantidad determinada:

Adjetivos	*Sustantivos*
2, doble	doble/duplo
3, triple	triple
4, cuádruple	cuádruplo
5, quíntuple	quíntuplo

Partitivos

Indican la parte de un todo

1/2, un medio	1/8, un octavo
1/3, un tercio	1/9, un noveno
1/4, un cuarto	1/10, un décimo
1/5, un quinto	1/11, un onceavo
1/6, un sexto	1/12, un doceavo
1/7, un séptimo	1/13, un treceavo

Medidas de longitud

Milímetro (mm): milésima parte del metro.
Centímetro (cm): centésima parte del metro.
Decímetro (dm): décima parte del metro.
Metro (m).
Decámetro (Dm): diez metros.
Hectómetro (Hm): cien metros.
Kilómetro (Km): mil metros.

Medidas de superficie

Metro cuadrado (m^2).
Área (a): cien metros cuadrados.
Hectárea (ha): cien áreas.

Medidas de peso

Miligramo (mg): milésima parte de un gramo.
Centigramo (cg): centésima parte de un gramo.
Decigramo (dg): décima parte de un gramo.
Gramo (g, gr).
Decagramo (Dg): diez gramos.
Hectogramo (Hg): cien gramos.
Kilogramo (kg): mil gramos.
Quintal métrico (q): cien kilos.
Tonelada métrica (t): mil kilos.

Decimales

El signo indicador de decimales es la coma (,): *5,70 (cinco coma setenta).*

Prefijos indicando cantidad

Mega- (grande): *megalomanía.*
Micro- (pequeño): *micrófono.*
Oligo- (poco): oligarquía.
Omni-/pan- (todo): *omnipresente/panamericano.*
Poli-/multi- (mucho): *polivalente/multinacional.*
Semi-/hemi- (medio): *semiseco/hemiciclo.*
Proto- (primero): *protomártir.*

Tallas

A. Señoras: vestidos, chaquetas, faldas

España y resto de Europa:	36	38	40	42	44	46	48	50	52	54
Gran Bretaña:	8	10	12	14	16	18	20	22	24	26
EE.UU.:	6	8	10	12	14	16	18	20	22	24

B. Señoras: blusas, jerseys

España:	38	40	42	44	46	48	50	52
GB:	32	34	36	38	40	42	44	46
EE.UU.:	10	12	14	16	18	20	22	24

C. Señores: trajes

España:	44	46	48	50	52	54	56	58
GB: } EE.UU.:	34	36	38	40	42	44	46	48

D. Señores: camisas

En España y el resto de Europa (excepto Gran Bretaña que sigue la misma talla que los EE.UU. —en pulgadas—) la medida del cuello de las camisas se toma en centímetros.

España:	36	37	38	39	40	41	42
GB: } EE.UU.:	14	14,5	15	15,5	16	16,5	17

E. Cintura

En España y el resto de Europa se mide en centímetros y en el Reino Unido y los EE.UU. en pulgadas.

España:	71	76	81	86	91	97	102	104	112
GB: } EE.UU.:	28	30	32	34	36	38	40	42	44

F. Zapatos

España:	35	36	37	38	39	40
GB:	2-2,5	3-3,5	4-4,5	5-5,5	6-6,5	7
EE.UU.:	3,5-4	4,5-5	5,5-6	6,5-7	7,5-8	8,5

G. Guantes

No hay variación de tallas.

Diccionario A

Filiación: datos o señas personales que se anotan en un documento.
Herencia: lo que se ha recibido de los antepasados.
Testar: hacer testamento.

Diccionario B

Acción: cada una de las partes en que se considera dividido el capital de una empresa.
Accionista: poseedor de una o varias acciones de una empresa.
Convocatoria: citación para una reunión.
Domicilio social: lugar que, a efectos legales, tiene una empresa como local de establecimiento.
Escritura: documento notarial en el cual se levanta acta de algún acuerdo.
Liquidación: pago.
Orden del día: relación de asuntos que se van a tratar en una reunión.

Diccionario C

Arbitraje: juicio o decisión.
Hipoteca: derecho sobre una finca o propiedad, que concede el dueño de la misma a un acreedor.
Oneroso: costoso.
Transmisión de dominio: traspaso de propiedad.

Funciones

Exponer conceptos y nociones
La Sociedad Anónima es aquella que...
Los derechos reales son los relativos a la propiedad.
La ley personal es la que corresponde a la nacionalidad.
El testamento es un acto por el cual una persona dispone...
Hay que distinguir entre persona física y jurídica.
Un contrato es la convención jurídica manifestada...

Explicitar ventajas e inconvenientes
Por una parte... por otra...
Por contra... Por el contrario.
Otra ventaja es que...
En cuanto a...
Por lo que se refiere a...
Ahora bien, es más adecuado o ventajoso.

Exponer objetivos y funciones
Es una sociedad creada con el fin de...
Tiene como finalidad cooperar...
El principio básico de esta institución es...
Este departamento tiene como misión...
El contrato de compraventa cumple la función de...
Nuestro objetivo para los próximos años es...

Indicar necesidades y requisitos
La empresa debe contar con capital social.
Tiene que solicitar el CIF.
Hay que abonar...
Es muy conveniente que...
Hay que elevarlo a escritura pública.
Tiene que presentar un visado.

Establecer condiciones contractuales

Podrán solicitar su participación.
En caso de no abonar...
Tendrán derecho a voto...
La sociedad queda limitada a...

Expresar acuerdos

La Junta General acordó por unanimidad...
En la reunión se acordó reducir el capital.
De conformidad con el Acta del día...

Informar sobre hechos pasados

Se hace público que, en la reunión celebrada...
Según informó el portavoz de la empresa...
El índice de ventas ha superado...
Por acuerdo del Consejo de Administración celebrado el pasado...

Iniciar y concluir reuniones

Creo que podríamos comenzar.
Si me lo permiten, vamos a...
Antes de iniciar nuestro debate...
Si no hay ninguna intervención más...
Eso es todo.
Se levanta la sesión. Muchas gracias.

Formación de las palabras

Gramática

Por composición: son aquellas que resultan de unir otras que previamente tenían forma y significado autónomo. Se pueden subdividir en dos grandes grupos: *por fusión y por unión.*

Por fusión: sustantivo + sustantivo: *carricoche, compraventa.*
sustantivo + adjetivo: *pelirrojo.*
adjetivo + sustantivo: *medianoche.*
sustantivo + verbo: *abrelatas.*
sólo adjetivos: *agridulce.*
fusiones facultativas: *hispanobelga.*

Por unión: es una composición de sustantivos, mantienen sus acentos respectivos y se escriben juntos o unidos por un guión.

La variación de número suele afectar sólo al primer sustantivo: *hombres-clave, palabras-clave, cuenta-vivienda.*

Por derivación: procedimiento por el cual se forman vocablos, ampliando o alterando la estructura o significación.

Algunos *prefijos:*
Ante-: indica procedencia en el tiempo, lugar o valoración: *antepasado.*
De-: indica procedencia: *devengar.*
Inter-: significa participación de varios sujetos: *intercomunicación.*
Pre-: indica anterioridad en el tiempo, lugar o valoración: *prehistoria.*
Re-: indica repetición (con verbos) e intensificación (con adjetivos y nombres): *reembolsa, renombre.*
Anti-: indica oposición: *antieconómico.*
Contra-: indica oposición *contraprestación.*
Infra-: indica inferioridad: *infravalorar.*
Ultra-: indica intensificación: *ultramoderno.*

Cultismos:
En la formación de palabras intervienen raíces griegas o latinas, sobre todo en terminología científica.
Arqueo-(viejo): *arqueología.*

150

Neo- (nuevo): *neoliberalismo.*
Auto- (por uno mismo): *autonomía.*
Cripto- (oculto): *criptografía.*
Equi-(igual): *equidistante.*
Para-(semejante): *parapsicología.*

Memoria

Reuniones
Para empezar
Buenos días/tardes, señores/señoras. Me llamo .... y soy el Director de ....
En nombre de mi empresa, les doy la bienvenida.
Permítanme que me/les presente.

Introducción:
Como saben ustedes, nuestra empresa/producto...
Me gustaría comenzar hablándoles sobre...
El objetivo de esta reunión/convocatoria/presentación es...
En primer lugar, vamos a...
Comenzaremos con una breve presentación de nuestra empresa.
En cuanto a nuestro producto/diseño/sistema/servicio...
Mi intervención no durará más de treinta minutos. Se lo prometo. Y a continuación, tendremos el gusto de...
Si tienen alguna pregunta, no duden en
Al final de la exposición contestaré gustosamente a todas sus preguntas.
Como ven en el organigrama/gráfico/fotografía/escena...
En la pantalla pueden apreciar...

Descripción de características
Se trata de un nuevo concepto/enfoque/avance.
Ha sido diseñado/pensado/actualizado especialmente.
Una característica importante/que hay que resaltar es...
Me gustaría llamar su atención sobre...

Interpretación de datos/información
La curva ascendente/la zona de puntos indica/señala...
Parece claro que... Esto nos lleva claramente a...
De aquí podemos deducir/inferir...

Competencia y fortalezas o debilidades
Puede apreciarse la ventaja/diferencia.
Destacamos especialmente.
Satisface plenamente la necesidad de...

Exponer resultados
En 1995, hubo 300 expositores.
El año pasado fue visitada por medio millón de personas.
Las ventas han aumentado en un 15%.
El incremento ha sido de un billón.
Los activos totales han crecido más del doble.
Nuestra cuota de mercado se ha visto...

Comparar
Es mucho mejor/más blanco/suave/potente/sabroso/económico/rentable/seguro/eficaz.
Se aprecia claramente...
En comparación con.../ A diferencia de...
No hace falta decir que.../ Fundamentalmente...

Para concluir

En resumen...

Así pues, los aspectos más importantes...

Eso es todo. Muchas gracias por su visita/atención.

Y ahora, si desean alguna aclaración/información más detallada... Si tienen alguna pregunta...

Si les parece, vamos a pasar a degustar/la demostración.

UNIDAD 7 ˙

Acción nominativa: título que acredita y representa el valor de cada una de las partes en que está dividido el capital de una empresa, en el que se menciona la persona propietaria del mismo.

Amortización: pago de una parte de la deuda.

Balance: cálculo del activo y pasivo de una sociedad; resultado contable de una operación.

Cuenta de resultados: refleja la medición, representación y determinación de la rentabilidad de la empresa, indicando si ha habido o no beneficio en el ejercicio.

Factura: relación de artículos comprendidos en una venta, condiciones, etc., que se entrega al comprador.

Fusión: unión de dos empresas.

Gestión: administración de una empresa.

Inventario: lista en que están anotados y descritos los productos, suministros, etc., cuando se ha hecho recuento de los mismos.

Nónima: lista de empleados de una empresa y papel oficial en el que figura su sueldo y retenciones.

Reclutamiento: selección de personal.

S. A.: Sociedad Anónima.

S. L.: Sociedad Limitada.

Diccionario A

Cláusula: cada una de las disposiciones de un documento.

Liquidez: disponibilidad de un activo de financiero para convertirse en dinero fácilmente.

Moroso: deudor; que se retrasa en el pago.

Prórroga: aplazamiento.

Protesto: requerimiento notarial al que no paga una letra de cambio.

Diccionario B

Espectáculo: acto público artístico, cultural o deportivo.

Establecimiento: local, tienda.

Idiosincrasia: manera característica de una persona, de un pueblo o nación.

Indumentaria: ropa, vestimenta.

Diccionario C

Presentar reclamaciones y disculpas

Lamentamos mucho lo ocurrido.

Esperamos que no afecte a nuestras relaciones.

Tengo que recordarle que, según nuestro contrato...

Confío en que disculpe nuestro error.

Funciones

Saludar y despedirse

Hola, buenas tardes.

¿Rafael? Buenos días, soy...

¡Hombre! ¿Qué es de tu vida?

Bueno... Muchas gracias.

Te llamaré para...

Adiós.

Expresar obligaciones

Además, hay que prestar atención a los aspectos...
Tiene que crear la contabilidad ajustada al P.G.C.
Se compromete a pagar la cantidad de...
Siempre que el beneficiario entregue...
En el caso de que incumpliera...
Un contrato conlleva derechos y obligaciones.

Pedir y dar consejo profesional

Me gustaría aclarar algunos aspectos.
Como ya le había explicado...
Sobre impuestos...
En la Guía tiene todo lo relativo a...
Quería pedirte consejo sobre unos morosos.
¿Podría enviarme esa información por escrito?
Si tu deudor es un buen cliente...
¿Y si me decido a una acción judicial?

Exponer y aclarar dudas

¿Alguna duda?
¿Tiene alguna otra pregunta?
Sí, una última observación.
Mi duda es sobre la obligación de...
Si no tienen más preguntas...
¿Podría concretar una vez más...?
Bueno...
Mayor cuantía es la deuda superior a..., ¿no?

Hablar de instrumentos de cobro y pago

Tiene más ventajas que inconvenientes.
¿Aceptaría una letra de cambio?
¿Cuál es la diferencia entre cheque y talón?
Mañana es el vencimiento de su letra.
Existen varios tipos de cheques.
La letra de cambio es un instrumento crediticio.
Es el más utilizado.

Indicar seguridad y riesgo de las transacciones comerciales

Debes informarte de la solvencia.
No presenta ningún riesgo.
Es posiblemente el más seguro.
Es conveniente incluir una cláusula...

Estipular condiciones contractuales

Bajo su propia responsabilidad.
Debes incluir una cláusula penal.
En el caso de que el comprador incumpliera...
La indemnización deberá ser pagada por el comprador.

Ganar tiempo y mantener la comunicación

Ya... Claro... Claro
Bueno...
En realidad...
Déjeme ver... Vamos a ver...
¿Entonces? Bueno... Sí.
Ya veo. Ya.

Definir las formas de protección de la propiedad

Invenciones que siendo nuevas e implicando...
Signo o medio que distingue un producto.
Los derechos afines son aquellos que...
Hay que registrarlo inmediatamente.
Es conveniente utilizar el Registro Internacional.

Colectivos relacionados con los números

Gramática

Sin especificar	Grupos de años
1, unidad	2, bienio
2, par/pareja	3, trienio
3, trío	4, cuatrienio
10, decena	5, quinquenio/lustro
12, docena	6, sexenio
15, quincena	10, década
20, veintena	100, siglo
100, centena/centenar/ciento	1.000, milenio
1.000, mil/millar	

Número de teléfono

Memoria

En España, el número de teléfono tiene siempre nueve cifras. Normalmente, los números se expresan de tres en tres: 912 283 950. Pero también pueden expresarse de uno en uno o de dos en dos.

Comunicación telefónica

AZIMUT, buenas tardes. EUROIBERICA, buenos días.
BAD de España, dígame.
¿Me pone con..., por favor?
¿Sería tan amable de...?
Le pongo/Le paso. Un momento, por favor.
Está comunicando.
¿Podría dejar un mensaje para...?

Concertar entrevistas

Me gustaría visitar su fábrica.
¿Cuándo le vendría bien?
¿Podría ser...?
El día..., a las...

Solicitar ayuda lingüística

¿Cómo se dice...?
¿Cuál es la forma correcta de decir/de dirigirse a...?
¿Se puede decir...?
¿Cómo se llama este pescado?
¿Está bien dicho/escrito?
¿Con g o con j?

Unidad monetaria

Desde el 1 de enero de 2002, la unidad monetaria en España es el euro, dividido en céntimos. Los billetes de banco (papel moneda) tienen un valor de 5, 10, 20, 50, 100, 200 y 500 euros. Las monedas son de 1, 2, 5, 10, 20 y 50 céntimos, 1 euro y 2 euros.

Operaciones aritméticas

Sumar: 30 + 50 = 80 (treinta más cincuenta es igual a ochenta).
Restar: 30 - 20 = 10 (treinta menos veinte es igual a diez).
Multiplicar: 30 x 10 = 300 (treinta por diez es igual a trescientos).
Dividir: 30 : 3 =10 (treinta entre tres es igual a diez).

Cálculo

2 + 2 = 4: dos y/más dos son cuatro
6 - 2 = 4: seis menos dos son cuatro
de dos a seis van cuatro
2 x 2 = 4: dos por dos son cuatro
32 : 8 = 4: treinta y dos dividido por ocho son cuatro
$2^2 = 4$: dos al cuadrado son cuatro
$4^4 = 256$: cuatro a la cuarta potencia son doscientas cincuenta y seis
$\sqrt{16} = 4$: la raíz cuadrada de dieciséis es cuatro

Fracciones

1/2	medio/a
1 1/2	uno/a y medio/a
2 1/2	dos y medio/a; dos (quilos) y medio
1/3	un tercio; la tercera parte
2/3	dos tercios; las dos terceras partes
1/4	un cuarto; la cuarta parte
3/4	tres cuartos; las tres cuartas partes
1/5	un quinto; la quinta parte
2/5	dos quintos; las dos quintas partes
2 3/4	dos y tres cuartos
1/100	un centésimo; una centésima parte
1/1.000	un milésimo; una milésima parte
2 1/2%	dos y medio por ciento

Decimales

En español, el signo indicador de decimales es una coma, no un punto como ocurre en otras lenguas. Asimismo, el signo que separa las centenas de los miles y los cientos de miles del millón es un punto, no una coma.

4,68: cuatro coma seis ocho/cuatro con sesenta y ocho.
3.571: tres mil quinientos setenta y uno.

UNIDAD 8

Diccionario A

Abogar: defender; estar a favor de algo.
Bienes inmuebles: fincas rústicas y urbanas.
Memorando: nota diplomática en la que se recoge algo que debe ser tenido en cuenta en una negociación.

Diccionario B

Dictamen: informe de un experto.
Primacía: superioridad.
Sede: residencia, domicilio de una entidad o institución.

Diccionario C

Infracción: incumplimiento o violación de una ley.
Punitivo: relativo al castigo.
Residuos: materiales desechados.
Transparencia: película con la imagen fija que puede ser proyectada sobre una pantalla.

Funciones

Clasificar y exponer criterios
Las fórmulas de integración de los estados miembros son...
Según los planteamientos del Consejo...
Es conveniente examinar los criterios en su conjunto.
Según lo previsto en el tratado...
Desde el punto de vista de la Comisión...

Expresar acuerdos internacionales

La unión aduanera adopta un arancel común.
Los principios establecidos bilateralmente...
La Comunidad también ha firmado una serie de acuerdos.
Los acuerdos preferenciales...
Acordaron la no ingerencia en los asuntos internos.
La Unión Europea es una creación de derecho.
Entrará en vigor una vez firmado y ratificado...

Exponer objetivos y funciones

Es una unión económica que persigue...
Tiene como finalidad cooperar en el desarrollo de...
Organismo instituido para armonizar las políticas...
El Tribunal de Justicia es un órgano consultivo.
A lo largo de mi intervención les expondré...

Hablar de condiciones medioambientales

Las principales fuentes de contaminación...
No hay que olvidar el aspecto de la degradación del...
Hay que introducir en las empresas la gestión de residuos.
Existe una amplia legislación sobre el uso de combustibles.
La temperatura descendió bruscamente.

Indicar aspectos legales

El artículo 130 del Tratado de la U.E. señala...
Hay disposiciones restrictivas y punitivas.
Por último, hay que recordar la responsabilidad civil.
¿Van a hablar sobre el procedimiento ante los tribunales?

Ofrecer servicios especializados

Les agradezco su interés por la presentación de...
En la sesión de esta tarde les hablará de ese tema...
Se trata de una asesoría especializada en medioambiente.
Nuestra Asesoría Jurídica le ofrece...

Verbos impersonales o unipersonales

Gramática

Se utilizan en tercera persona del singular, con un sujeto indefinido. La mayor parte pertenecen a fenómenos atmosféricos: **alborear, amanecer, anochecher, diluviar, escarchar, helar, granizar, llover, lloviznar, nevar, relampaguear, tronar, ventar, ventiscar, acaecer, acontecer, ocurrir, pasar, suceder, convenir, parecer.**

Hace frío, calor, buena temperatura, bochorno.

Temperatura

Memoria

	Centígrado (C)	Fahrenheit (F)
Grado de ebullición	100	212
	90	194
	80	176
	70	158
	60	140
	50	122
	40	104
	30	86
	20	68
	10	50
Grado de congelación	0	32
	- 10	14
	- 17,8	0

156

Para hablar del tiempo

Temperatura:
30° C   (treinta grados centígrados)
- 2° C   (dos grados bajo cero)
0° C   (cero grados)

Hablar del tiempo

Soleado. Variable. Nublado.
Amenaza lluvia.
Hace frío. Hace calor.
Temperatura máxima para hoy 30°.
Suele nevar poco.

Medidas cúbicas

1 centímetro cúbico = 0,061 pulgada cúbica.
1 metro cúbico = 35.315 pies cúbicos.
1 metro cúbico = 1.308 yardas cúbicas.

1 pulgada cúbica = 16.387 cm³
1 pie cúbico (1.728 pulgadas cúbicas) = 0,028 m³
1 yarda cúbica (27 pies cúbicos) = 0,765 m³
1 tonelada de registro (100 pies cúbicos) = 2.832 m³

Medidas de capacidad

1 litro (1.000 centímetros cúbicos) = 1,76 pintas.
1 litro = 0,22 galón

Para líquidos:
1 pinta = 0,57 litro   1 pinta (USA) = 0,473 litro
1 cuarto (2 pintas) = 1,136 litros   1 cuarto (USA) = 0,946 litro
1 galón (4 cuartos) = 4,546 litros   1 galón (USA) = 3,785 litros

Para sólidos:
1 peck (2 galones) = 9,087 litros   1 pack (USA) = 8,81 litros
1 bushel (4 pecks) = 36,36 litros   1 bushel (USA) = 35,24 litros
1 cuarto (8 bushels) = 290,94 litros

Países y monedas

País	Gentilicio	Moneda
Afganistán	afgano/a	afganí
Albania	albanés/a	lek
Alemania	alemán/a	euro
Alto Volta		franco CFA
Andorra	andorrano/a	euro
Angola	angoleño/a	escudo angolano
Arabia Saudita	árabe	riyal
Argelia	argelino/a	dinar argelino
Argentina	argentino/a	peso argentino
Australia	australiano/a	dólar australiano
Austria	austríaco/a	euro
Bahama		dólar
Bangladesh		taka
Barbados		dólar caribeño
Bélgica	belga	euro
Belice	belicense; beliceño/a	dólar
Benín		franco CFA
Birmania	birmano/a	kyat
Bolivia	boliviano/a	peso boliviano
Botswana		rand sudafricano

País	Gentilicio	Moneda
Brasil	brasileño/a	cruceiro
Bulgaria	búlgaro/a	lev
Burundi		franco
Bután		rupia hindú
Cabo Verde		escudo
Camerún	camerunense	franco CFA
Canadá	canadiense	dólar canadiense
Ciudad del Vaticano		lira italiana
Colombia	colombiano/a	peso colombiano
Corea del Norte	coreano/a	won
Corea del Sur	coreano/a	won
Costa de Marfil		franco CFA
Costa Rica	costarricense	colón
Cuba	cubano/a	peso cubano
Chad		franco CFA
Checoslovaquia	chescoslovaco/a	corona
Chile	chileno/a	escudo chileno
China	chino/a	yuan
Chipre	chipriota	libra chipriota
Dinamarca	danés/a	corona danesa
Ecuador	ecuatoriano/a	sucre
Egipto	egipcio/a	libra egipcia
El Salvador	salvadoreño/a	colón salvadoreño
España	español/a	euro
Estados Unidos de A.	estadounidense	dólar americano
Etiopía	etíope	dólar etíope
Filipinas	filipino/a	peso filipino
Finlandia	finlandés/a	euro
Fidji		dólar
Francia	francés/a	euro
Gabón	gabonés/a	franco francés
Gales	galés/a	libra esterlina
Gambia		dalasi
Ghana	ghanés/a	cedi
Grecia	griego/a	euro
Groenlandia	groenlandés	
Guatemala	guatemalteco/a	quetzal
Guinea	guineano/a; guienés/a	suli
Guinea Ecuatorial	guineano/a; guienés/a	peseta guineana
Guayana	guayanés/a; guyanés/a	dólar
Haití	haitiano/a	gourde
Holanda	holandés/a; neerlandés/a	guilder
Honduras	hondureño/a	lempira
Hungría	húngaro	
India	indio; hindú	rupia
Indonesia	indonesio/a	rupia
Inglaterra	inglés/a	libra esterlina
Irán	iraní;persa	rial
Iraq	iraquí	dinar iraquí
Irlanda	irlandés/a	euro
Islandia	islandés/a	corona
Islas Caimanes		dólar jamaicano
Islas Maldivas		rupia
Islas Malvinas		libra malvina
Islas Seychelles		rupia
Israel	israelí; israelita	libra israelita
Italia	italiano/a	euro
Jamaica	jamaicano/a	dólar jamaicano
Japón	japonés/a; nipón/a	yen

País	Gentilicio	Moneda
Jordania	jordano/a	dólar jordano
Kenia	keniata	chelín
Kuwait	kuwaití	dinar kuwaití
Laos	laosiano/a	kip
Líbano	libanés/a	libra libanesa
Lesotho		rand
Liberia	liberiano/a	dólar liberiano
Libia	libio/a	dinar libio
Liechtenstein		franco suizo
Luxemburgo	luxemburgués/a	euro
Madagascar	malgacho/a	
Malasia	malayo/a	dólar malayo
Malawi		kwacha
Mali		franco
Malta	maltés/a	libra maltesa
Marruecos	marroquí	dirham
Mauritania	mauritano/a	franco CFA
México	mexicano/a; mejicano/a	peso mexicano
Mónaco	monegasco/a	euro
Mongolia	mongol	tugrik
Mozambique	mozambiqueño/a	escudo mozambiqueño
Namibia		rand
Nauru		dólar australiano
Nepal	nepalés/a	rupia
Nicaragua	nicaragüense	córdoba
Níger	nigeriano/a	franco CFA
Nigeria	nigeriano/a	naira
Noruega	noruego/a	corona noruega
Nueva Zelanda	neozelandés/a	dólar neozelandés
Omán	omaní	rial omaní
Palestina	palestino/a	
Panamá	panameño/a	balboa
Papua	papú	kina
Paquistán	paquistaní	rupia
Paraguay	paraguayo/a	guaraní
Perú	peruano/a	sol
Polonia	polaco/a; polonés/a	zloty
Portugal	portugués/a; lusitano/a	euro
Puerto Rico	puertorriqueño/a	dólar USA
Qatar		riyal qatar
República Centro-africana		franco CFA
República Dominicana	dominicano/a	peso dominicano
Rep. Popular del Congo	congoleño/a	dinar
Rep. Pop. Democrática del Yemen	yemení; yemenita	dinar
Rep. Sudafricana	sudafricano/a	rand
Rumania	rumano/a	leu
Ruanda	ruandés/a	franco
Samos Occidental	samoano/a	tala
San Marino		euro
Senegal	senegalés/a	franco CFA
Sierra Leona		leone
Singapur		dólar
Siria	sirio/a	libra siria

Clave de la solución de los ejercicios

UNIDAD 1

Sección A

3.a.
1. ser; 2. son; 3. es; 4. son; 5. son/pueden ser/es.

3.b.
1. a/de; 2. para/entre/de; 3. del/praa; 4. por; 5. a/de/según.

3.c.
1.c; 2.d; 3.f; 4.e; 5.a; 6.b.

4.a.
1. Raciocinio por el que se demuestra lo cierto de una proposición partiendo de lo absurdo de la contraria.
2. Empezar por el comienzo.
3. Sin testamento.
4. Desde el origen.
5. Argumentación en la que se rebate al contrario con sus propias palabras o argumentos.
6. A propósito para un determinado fin.
7. Motivo de guerra; acto que puede provocarla.
8. Consentimiento universal.
9. Con el consentimiento.
10. En el momento de morir.
11. Con todo detalle.
12. En último lugar.

Sección B

3.a.
1.y/o; 2.ni/ni; 3.u; 4.no; 5.no.

3.d.
legítimo/resoluciones/solución/germánico/anglo-sajón/épocas/noción/método.

4.a.
1. Nadie está obligado a lo imposible; 2. Las excepciones son de estrictísima interpretación; 3. Se presupone que está permitido lo que no está prohibido; 4. En los casos dudosos ha de preferirse la solución más benigna; 5. Cuando la razón de la ley es coincidente, debe darse también la misma disposición legal; 6. Lo que en un acto jurídico es útil, no debe verse perjudicado por lo que no es.

Sección C

1.a.
1.4; 2.6; 3.5; 4.2; 5.1; 6.7; 7.3.

1.c.
Verdadero: 2/7/8; falso: 1/3/4/5/6.

4.a.
1. En el acto; 2. Equivocación involuntaria al hablar; 3. Aplícase al ejercicio de una labor determinada que permite vivir de ella; 4. Una acción efectuada sin coacción, por impulso; 5. De ningún modo; 6. Se utiliza en forma abreviada (N.B.) para agregar explicaciones o comentarios a un texto; 7. Se refiere a faltas de poca importancia; 8. Se refiere a lo que corresponde por persona en una repartición; 9. Por sí; 10. Después de la muerte; 11. En común; 12. Una cosa por la otra.

Sección A

1.b.
1. Internacional; 2. Público; 3. Interno; 4. Privado.

2.c.
1. Internacional privado; 2. Interno público-administrativo; 3. Interno público procesal penal; 4. Interno privado mercantil; 5. Interno público penal.

3.c.
1./d/3; 2./e/2; 3./f/6; 4./a/5; c./c/1; 6./b/4.

4.b.
1. Relativos al individuo, protegiendo su ser personal, nombre, etc.; 2. Poder constituir situaciones jurídicas intersubjetivas para la consecución de fines civiles o económicos; 3. Constitución de entes colectivos, personas jurídicas privadas; 4. Relativas a la posesión y propiedad y a sus formas de explicitación; 5. Desde su constitución por el matrimonio, hasta las formas de extensión de la sociedad conyugal, las relaciones entre los cónyuges y entre los ascendientes y descendientes; 6. Que resultan de la transferencia de bienes a causa de la herencia. Véase también Unidad 6.

Sección B

3.a.
ciclos/duración/Licenciatura/titulación/requeridos/créditos/global/ Facultad/Universidad/nota/examen.

3.b.
1. mi/la mía; 2. tu/la tuya; 3. sus hermanos/los suyos; 4. su plan/el suyo; 5. nuestros/los nuestros.

Sección C

1.b.
Verdadero: 1/2/5; Falso: 3/4/6.

1.c.
1. dictamen; 2. tribunal; 3. oposición; 4. fiscal; 5. pleito; 6. tramitación; 7. notario; 8. dar fe; 9. testamento; 10. poder.

UNIDAD 3

Sección A

1.a.
1. Ordenamiento jurídico que constituya y regule el grupo social, un aparato de gobierno soberano que dé cohesión al grupo, un pueblo sometido al poder del aparato estatal y un territorio con fronteras definidas; 3. Constitución: establecer el aparato de gobierno, precisar el grupo humano y determinar el territorio. Regulación: establecer la forma de estado, fijar forma de gobierno, precisar la forma en que se distribuye el poder del estado a lo largo del territorio, expresar sus decisiones mediante normas jurídicas; 4. Función legislativa: dictar leyes o normas jurídicas generales. Función ejecutiva: realización de actos concretos y particulares de aplicaciones de las normas generales. Función judicial: a través de la cual se juzgan las supuestas transgresiones a las normas.

1.b.
1. Estado liberal de derecho; 2. Constitución; 3. soberano; 4. estado; 5. Constitución/constitucionalismo.

2.b.
Constitución/pueblo; leyes/Parlamento; decretos/gobierno; órdenes/ministerios.

3.a.
1. ¿Cómo está compuesto el Parlamento español?; 2. ¿Cómo son elegidos sus miembros?; 3. ¿Quién es el Jefe del Estado?; 4. ¿Cuál es la forma política del estado español?; 5. ¿Cuál es la organización territorial del Estado?

3.b.
1. Se establezca/se respete; 2. Discrimines; 3. Interprete; 4. Infrinja; 5. Conozcan.

Sección B

1. a.1.
I./b; II./a; III./d; IV./c; V./d; VI./b; VII./d.

1. a.2. Juzgar y hacer ejecutar lo juzgado; control de la potestad reglamentaria y de la legalidad de la actuación administrativa; tutela o protección de los derechos y libertades.

1.b.
1./h; 2./g; 3./d; 4./f; 5./a; 6./c; 7./b; 8.e.

3.a.
1. formen; 2. corresponda; 3. determine; 4. establezcan; 5. sean; 6. litigásemos.

3.e.
del/en/de/a/del/de/de/de/del/de/por/a/a/de/a/en/de/de.

Sección C

1.b.
1. Primera instancia e instrucción; 2. Contencioso-administrativo; 3. de Paz; 4. Vigilancia Penitenciaria; 5. Penal.

4.b.
En Madrid: Tribunal Constitucional, Tribunal Supremo, Audiencia Nacional, Tribunal Superior de Justicia, Audiencia Provincial.

UNIDAD 4

Sección A

1.c.
1. proceso; 2. procedimiento; 3. Derecho Procesal; 4. principio de justicia rogada; 5. el Estado es el titular de la potestad jurisdiccional; 6. función jurisdiccional.

3.b.
1. con/en; 2. por/del; 3. para; 4. en/del; 5. para.

3.d.
1. Procesar; 2. Hacerlo y sustanciarlo hasta ponerlo en estado de sentencia; 3. Formarlo con todas las diligencias y solemnidades requeridas por derecho; 4. Pleito, delito judicial; 5. cuando se han infringido los trámites esenciales del procedimiento.

3.e.
Acusado: persona a la que se atribuye un delito o falta; acusación: inculpación, denuncia; demanda: petición; demandante: el que realiza la petición o demanda de juicio o pleito; querella: acusación presentada ante un juez o tribunal; denuncia: comunicación a la autoridad de la comisión de algún hecho delictivo.

4.a.
1. Orden: C/D/A/B; Iniciación: puede ser de oficio o a instancia de parte interesada; Ordenación: que incluye la tramitación, el escrito de queja, comunicaciones y notificaciones que serán cursadas directamente al interesado por el órgano que dictó el acuerdo o acto; Instrucción: que comprende los actos adecuados para la determinación de los datos en que se basará la resolución e incluye informes (dictámenes técnicos, preceptivos o facultativos), información pública (publicación del expediente en el Boletín Oficial del Estado o de la provincia), prueba y audiencia del interesado (que permite al interesado hacer alegaciones y presentar los documentos que estime oportunos); Terminación: fin del procedimiento, que puede ser por resolución, desestimiento, renuncia al derecho o declaración de caducidad.

Sección B

1.a.
1./a; 2./b; 3./e; 4./a; 5./d.

1.b.
1. Resolución; 2. Motivación; 3. Comunicaciones, 4. Decisión.

2.c.
Órgano unipersonal: juzgado; Órganos colegiados: Audiencia Provincial, Tribunal Superior de Justicia, Audiencia Nacional y Tribunal Supremo; Penal: A/C; Civil: B; Contencioso: D; Social: E.

3.b.
Su Majestad; Ilustrísimo Señor Don; Excelentísima Señora Doña; Código Penal; Ley de Enjuiciamiento Civil; Ley de Enjuiciamiento Criminal; Código Civil; Tribunal Supremo; Tribunal Superior de Justicia; Ley Orgánica del Poder Judicial; artículo; Señor Don.

4.b.
1. Sentencia; 2. Providencia; 3. Auto de procesamiento.

Sección C

1.b.
2. Fases: sumarial o sumario, en los Juzgados de Instrucción y decisoria o juicio oral en la Audiencia provincial o Salas de lo penal.
3. Órgano judicial competente: juez instructor bajo la inspección del fiscal.

3.b.
Eximentes: 7/2/5; Atenuantes: 4; Agravantes: 1/3/6.

3.d.
Se solicita cuando en la detención no se han cumplido los requisitos legales para llevarla a cabo o cuando haya estado el detenido más de 72 horas en la comisaría o si se hubieran vulnerado alguno de los derechos del detenido.
Lo puede solicitar el propio detenido (pidiendo ser llevado ante el juez), o un familiar, el fiscal, el juez de oficio o el Defensor del Pueblo.
El juez puede decidir dejar en libertad al detenido, si lo fue ilegalmente; acordar que continúe detenido pero en otra dependencia; que quede a disposición judicial.

UNIDAD 5

Sección A

1.b.
a./3; b./4; c./1; d./5; e./2 y 6; f./8; g./7; h./9; i./11; j./10.

1.b.
1./c; 2./c; 3./b; 4./a; 5./b; 6./b.

3.d.
J.O.; Ej.; D.N.I.; Pr. Abr.; S.S.ª

Sección B

1.a.
3/6/2/1/4/5.

1.c.
1. Calificación del delito o falta; 2. El acusado está de acuerdo con lo que pide el fiscal; 3. Los testigos de cada parte; 4. Peritos; 5. Peritación del movimiento de los proyectiles y examen de las huellas digitales.

3.b.
5/6/8/9/3/7/1/12/11/10/2/4.

4.d.
1. Casación; 2. Comparecencia; 3. Apelación; 4. Instrucción; 5. Incoación; 6. Veredicto; 7. Impugnación; 8. Recursos; 9. Señalamiento; 10. Imputación.

4.b.
«Claridad y convicción...»/1,3,4 «Usted puede ser jurado»/2; «Tradición anglosajona»/5.

Sección C

3.b.
1. 5%/20; 2. Veinte por ciento; 3. 73%; 4. Seis por ciento; 5. Quinientos cincuenta a seiscientos/cien mil habitantes.

3.c.
1./e; 2./i; 3./f; 4./ h; 5./d; 6./ a; 7./ c; 8./ g; 9./j; 10./b.

4.a.
1. Rehabilitación del delincuente; 2. Reeducación y reinserción; 3. Preventivo y condenado; 4. Preventivo, cumplimiento y especial; ordinario, abierto y cerrado.

UNIDAD 6

Sección A

1.a.
Verdaderas: 1/2/3/5; Falsa: 4.

3.a.2.
2.1. Nacimiento; 2.2. Defunciones; 2.3. Matrimonio/defunción; 2.4. Tutelas; 2.5. Nacimiento; 2.5. Matrimonio; 2.6. Tutela.

3.b.
1. Testamentaría; 2. Testamento; 3. Características; 4. Formalismo; 5. Identificación del testador; 6. Clases de testamento.

4.c.
1. tránsito; 2. limitado; 3. colectivo; 4. ordinario; 5. múltiple; 6. cortesía.

Sección B

1.b.2.
a. escritura; b. estatuto; c. patrimonial; d. Código de Identificación Fiscal.

3.b.
Antes: 2/3/7/8; en la reunión: 4/5/6; después: 1.

3.c.
1./e; 2./c; 3./d; 4./a; 5./b; 6./h; 7./f; 8./g.

4.a.
1./f; 2./j; 3./c; 4./a; 5./d; 6./b; 7./e; 8./i; 9./g; 10./h.

4.b.
1. abstención; 2. aclamación; 3. a mano alzada; 4. papeletas; 5. unanimidad; 6. votación; 7. voto de calidad.

Sección C

1.c.
1. tipos; 2. nomenclatura; 3. arrendamiento; 4. contrato; 5. prestación; 6. vínculo; 7. hipoteca; 8. oneroso.

4.b.
1. obra; 2. permuta; 3. arrendamiento; 4. hipoteca; 5. factoring; 6. leasing; 7. de distribución; 8. franquicia; 9. de edición; 10 de transporte.

UNIDAD 7

Sección A

1.a.
1/1, 5, 6; 2/7; 3/4; 4/2, 3.

Sección B

3.b.
1. suspensión de pagos; 2. quiebra; 3. protesto; 4. activo;
5. insolvencia; 6. pasivo.

4.a.
1. normativa vigente; 2. tipos de cheque; 3. definición; 4.
acciones por impago.

4.c.2.
endoso/endosante/endosatario

Sección C

1.a.
1./d; 2./b; 3./a; 4./f; 5./h; 6./g; 7./c; 8./e.

1.b.
Derechos afines son derechos comparables al derecho
de autor que garantizan unos ingresos por las actividades realizadas por determinadas categorías de personas o empresas que contribuyen a la creación cultural.

1.c.
1. marca; 2. rótulo; 3. patente; 4. propiedad industrial; 5.
modelo de utilidad.

3.a.
cifra/ecus/bruto/afines/ingresos/creación/artistas-intér-
pretes/grabación/ radiodifusión/copyright.

UNIDAD 8

Sección A

1.a.
1. ONU; 2. OCDE.; 3. CECA; 4. FMI.

1.c.
1. Público; 2. Privado; 3. Privado; 4. Privado; 5. Público.

3.b.
1. unilateral; 2. bilateral; 3. trilateral; 4. cuadrilateral; 5.
multilateral.

3.c.
Acuerdo/Alianza; Contrato/Comunicado/Conve-
nio/Convención/ Carta/Canje de Notas; Declaración;
Protocolo Pacto; Tratado.

4.b.

PARTE I
Responsabilidades funcionales de la FAO

A) *Personal*

Corresponderá a la FAO:
1.   Prestar servicios de Secretaría a la reunión.
2.   Seleccionar y contratar a los intérpretes, traduc-
tores y taquígrafos calificados que se necesiten durante
la reunión así como a un ayudante administrativo (véase el parráfo 9).

B) *Material, suministros y servicios*

Corresponderá a la FAO:
3.   Proporcionar documentos para la reunión.
4.   Proporcionar todo el material o los suministros
especiales que hagan falta para la reunión, incluido su
transporte de ida y vuelta desde el punto de entrada en
el país hospedante, quedando entendido que todo material o suministros que proporcione la FAO seguirá
siendo de su propiedad.
5.   Publicar y distribuir un informe de la reunión
después de su terminación.

PARTE II

Responsabilidades del Gobierno hospedante respecto a los privilegios e inmunidades de la FAO y de los participantes

El Gobierno hospedante se compromete a:
6.   Otorgar, a los efectos de la reunión, a los delegados y expertos y a la FAO, sus bienes, fondos y habe-
res, así como a sus funcionarios, todos los privilegios e
inmunidades previstos en el artículo VIII, párrafo 4, y
en el artículo XVI, párrafo 2 de la Constitución, y en el
artículo XXXVII, párrafo 4, del Reglamento General
de la Organización, y especificados en las disposiciones
de la «Convención sobre Prerrogativas e Inmunidades
de los Organismos Especializados».
7.   Conceder visados y todas las facilidades necesarias a los delegados, expertos y consultores que asistan a
la reunión.

PARTE III
Responsabilidades funcionales del Gobierno hospedante

A) *Personal*

Corresponderá al Gobierno hospedante:
8.   Designar un Oficial de Enlace que se encargue
de la coordinación de los preparativos y servicios locales para la reunión.
9. Pagar los sueldos y costear las dietas y los gastos
de viaje, según proceda, del siguiente personal seleccio-
nado por la FAO:
— dos intérpretes simultáneos al inglés del francés
y el español
— dos intérpretes simultáneos al francés del inglés
y el español

— dos intérpretes simultáneos al español del inglés y el francés

— un ayudante administrativo

— un taquígrafo.

10. Proporcionar un número suficiente de mecanógrafos con experiencia, personal para manejar equipo de duplicación de documentos, mensajeros y los servicios necesarios para el desarrollo de la reunión.

11. Proporcionar y sufragar los gastos de los mecanógrafos y del personal necesarios para manejar el equipo de duplicación de documentos después del horario de trabajo, sobre todo durante las noches en la semana precedente a la reunión, así como durante la misma.

12. Proporcionar y cubrir los gastos de un técnico (durante las veinticuatro horas del día) que se ocupe de las máquinas fotocopiadoras, en dicho período (véase el parráfo 11) durante la preparación del proyecto de informe de reunión.

B) *Equipo y servicios*

Corresponderá al Gobierno hospedante facilitar o pagar:

13. Una sala de reuniones con asientos y mesas para 130 personas y plenamente equipada para la interpretación simultánea (véanse las especificaciones adjuntas), con tres casilleros para documentos; un salón de reuniones con una cabida no superior a 20 personas, un salón de reunión para unas 50 personas, cuatro oficinas adecuadamente equipadas para la Secretaría y personal lingüístico, y espacio para la reproducción y compaginación de documentos.

14. Cinco procesadores de texto con Word Perfect y correo electrónico, una impresora láser y dos máquinas de escribir con teclado internacional, un magnetófono y cintas (que deberán devolverse a la Secretaría de la FAO al final de la reunión), placas con el nombre de todos los países y organizaciones que asistan a la reunión, dos fotocopiadoras, un proyector de diapositivas con su correspondiente pantalla, y un proyector de transparencias.

15. Transporte al lugar de la reunión y vuelta a la FAO, de cualquier equipo de que no se disponga en el país, en caso de que el Gobierno hospedante solicite la asistencia de la FAO para proporcionárselo.

C) *Suministros y servicios*

Corresponderá al Gobierno hospedante proporcionar:

16. Efectos de oficina, material de escritorio y papel, según sea necesario.

17. Instalaciones y servicios para la reproducción local de los documentos necesarios para la reunión (véase el parráfo 14).

18. Servicios gratuitos de teléfono, telégrafo y correo, en relación con la labor de la Secretaría de la FAO para la organización de la reunión.

19. Servicios de primeros auxilios médicos para los delegados, observadores y el personal.

D) *Transporte*

Corresponderá al Gobierno hospedante:

20. Facilitar dentro del país hospedante servicios de transporte de los delegados, observadores y a la Secretaría de la FAO en la medida de lo necesario para el desarrollo de la reunión. Podrá entrar aquí también el traslado del aeropuerto al hotel, del hotel a los lugares de reunión y para visitas de campo, y en otros casos en que se necesite, según las circunstancias locales. Se proporcionará además un vehículo a completa disposición de la Secretaría de la FAO.

21. Facilitar o pagar el transporte dentro del país hospedante de todo el material y suministros proporcionados por la FAO (véanse los párrafos 3 y 4). En caso de transporte aéreo, esta obligación comenzará desde el momento en que el material expedido llegue al aeropuerto internacional.

PARTE IV

Cláusulas finales

A) *Arreglo de controversias*

22. Cualquier duda o controversia que puede surgir entre las Partes por la aplicación o interpretación del presente Acuerdo será resuelta directamente entre las partes por consenso. De no llegarse a un acuerdo por consenso se recurrirá a las «Reglas modelo de Procedimiento Arbitral» adoptadas por la Comisión de Derecho Internacional en su 10.ª Sesión de 1958. Las partes se comprometen a acatar la decisión del árbitro.

B) *Entrada en vigor*

23. El presente Acuerdo entrará en vigor cuando el Gobierno español notifique por escrito a la FAO haber cumplido los trámites internos previstos en su ordenamiento en materia de celebración de tratados internacionales, y permanecerá en vigor hasta un mes después de haber concluido la reunión.

C) *Cláusula de aplicación provisional*

24. Si el Acuerdo no hubiese entrado en vigor el día 24 de abril de 1996, sus disposiciones se aplicarán provisionalmente a partir de esa fecha y permanecerán en vigor hasta un mes después de haber concluido la reunión.

Firmado en Roma a 29 de mayo de 1996, en dos ejemplares igualmente auténticos en idioma español.

Por España,

Javier Piernavieja Niembro,
Representante Permanente Adjunto
de España ante la FAO

Por la Organización de las Naciones
Unidas para la Agricultura
y la Alimentación,

Javier Pérez de Vega,
Dirección de Asuntos, Director de la Conferencia
y el Consejo y de Protocolo

(B.O.E., n.º 243/96)

Sección B

1.a.
ordenamiento/tratados/CECA/Comunitario/fuentes/decisión/directivas/dictámenes.

1.c.
1./d; 2./b; 3./c; 4./a.

3.a.
Sede: Bruselas; designación: se creó en marzo de 1994 con el Tratado de la UE; composición: 222; poderes: consultivo; función: guardián del principio de subsidiaridad (las autoridades públicas que se encuentran más cerca del ciudadano son quienes deben tomar la decisión).

4.a.
Orden: e/ d/ b/ c/ a.

Sección C

1.b.
1./e; 2./b; 3./c; 4./c; 5./a; 6./i; 7./d; 8./k; 9./h; 10./j; 11./f; 12./g.

3.c.
1/-; 2/b; 3/g; 4/h; 5/e; 6/-; 7/d; 8/c; 9/f; 10/a.

Apéndice de abreviaturas y siglas

ABREVIATURAS

a/c. ....A cuenta
Admón..................Administración
a/f. ....A favor
apdo. o aptdo. Apartado (Correos)
Art. o Art.º.......................Artículo
Avda................................Avenida

Bco. o B. ....Banco
BOE.....Boletín Oficial del Estado

C.V. o H.P. ....Caballos de vapor
c/ ....Calle
c.º ....Cambio
cap. o cap.º.......................Capítulo
cgo. o c............................Cargo
C...Carta
c/o ....Carta orden
cg................................Centigramo
cl. ....Centilitro
cm. ....Centímetro
Cert. ....Certificado
Cdad. ....Ciudad
Cód. ....Código
Com. ....Comisión
Cía., Comp.ª, c.ª ....Compañía
cje...................................Corretaje
Cta. ....Cuenta
Cta. cte. o c/c.......Cuenta corriente

ch..Cheque

D. ....Don
D.ª ....Doña
Dg.............................Decagramo
Dl. ....Decalitro
Dm. ....Decámetro
dm. ....Decímetro
dpto........................Departamento
dcha. ....Derecha
dto.................................Descuento
d/...Día(s)
d/f ....Días fecha
d/v ....Días vista
D.m. ....Dios mediante
Dtor...................................Director
Dr.....................................Doctor
doc. ....Documento
dupdo. dupl. ....Duplicado

Ed. ....Edición, editor, editorial
efvo. ....Efectivo
E/ef..................................Efecto(s)
E/pag....................Efecto a pagar
E/cob. ....Efecto a cobrar
E/neg..................Efecto a negociar
ej. ....Ejemplo
E.P.M. ....En propia mano
entlo. ....Entresuelo
e/...Envío
E ....Este (punto cardial)
etc. ....Etcétera

Excmo. ....Excelentísimo
ext. ....Exterior

fáb...Fábrica
fra......................................Factura
fcha. ....Fecha
f/f............................Fecha factura
f.º, fol.....................................Folio
fr. ....Franco

gtos. ....Gastos
gral. ....General
g/...Giro
G.P., g/p. ....Giro postal
G.T., g/t. ....Giro telegráfico
g., grs. ....Gramo(s)

Ha ....Hectárea
Hg ....Hectogramo
Hl.................................Hectolitro
Hm. ....Hectómetro
Hnos............................Hermanos

ib, ibíd.................................Ibídem
íd ....Idem
Ilmo. ....Ilustrísimo
Impte............................Importe
Impto. ....Impuesto
IVA ....Impuesto sobre el
Valor Añadido

167

Juzg.º ....Juzgado

Kg. ....Kilogramo
Km. ....Kilómetro
Km² ....Kilómetro cuadrado
Km./h., km./h. ....Kilómetro por
                    hora

L/ ....Letra de cambio
£ ....Libra esterlina
Ldo. ....Licenciado.
Ltd., Ltda. ....Limitada
L.....................................Liras

Máx. ....Máximo
m/...................................Meses
m/v. ....Meses vista
m., mts. ....Metro(s)
m.² ....Metro cuadrado
m.³ ....Metro cúbico
m/c. ....Mi cuenta
m/fra. ....Mi factura
m/f. ....Mi favor
mg.................................Miligramo
ml. ....Mililitro
mm. ....Milímetro
mín. ....Mínimo
m. ....Minuto
Mod. ....Modelo

Nom. ....Nominal
N. ....Norte
NE. ....Nordeste
NO ....Noroeste
n/.................................Nuestro/a
n/cta. ....Nuestra cuenta
n/fra. ....Nuestra factura
n/L. ....Nuestra letra
n/o.........................Nuestra orden
n/r. ....Nuestra remesa
n/cgo. ....Nuestro cargo
n/ch. ....Nuestro cheque
n/g. ....Nuestro giro

n/p. ....Nuestro pagaré
Núm., n.º...........................Número

o/...Orden
O.M. ....Orden Ministerial

p/...Pagaré
pág. ....Página
p.º ....Paseo
pta., ptas., pts.....................Pesetas
P.N.....................................Peso neto
Pl. ....Plaza
P. admón.........Por administración
P.A., p.a. ....Por ausencia
P.A., p.a. ....Por autorización
% ....Por ciento
p/cta. ....Por cuenta
p. ej...............................Por ejemplo
p.o., P.O., p/o. ....Por orden
p.p.............................Porte pagado
P.D., P.S. .Posdata o Post scriptum
P.V.P.........Precio venta al público
prov.................................Provincia
ppdo. ....Próximo pasado

Ref. Rf.ª ....Referencia
Rte. ....Remitente
r.p.m. .....Revoluciones por minuto

sdo. ....Saldo
s.b.f. ....Salvo buen fin
s.e.u.o..........Salvo error u omisión
s/.................................Según
s.s...........................Seguro servidor
Sr. ....Señor
Sra. ....Señora
Sres., Srs...........................Señores
Srta. ....Señorita
ss., sigs. ....Siguientes
S.G. ....Sin gastos
s/n. ....Sin número
Sdad................................Sociedad

S.A. ....Sociedad Anónima
S.C...........Sociedad en Comandita
S.R.C. ....Sociedad Regular
                    Colectiva
S.L...............Sociedad Limitada
s/cgo.................................Su cargo
s/c.......................................Su casa
S.E.....................Su Excelencia
s/fra.................................Su factura
s/fv.....................................Su favor
s/g......................................Su giro
s/L.....................................Su letra
S.M.............................Su Majestad
s/o...................................Su orden
s/p.....................................Su pagaré
s/r. ....Su remesa
s.s.s. ....Su seguro servidor
SE.....................................Sudeste
SO.......................................Sudoeste

t/...Talón
T. ....Tara
Tel. Teléf........................Teléfono
Tít. ....Título
t. ....Tomo
Tm.....................Tonelada métrica

Ud., Uds......................Ustedes
últ. ....Último

V. ....Valor
V/cta. ....Valor en cuenta
Vr. ....Valor recibido
v..Véase
vto. ....Vencimiento
v.g., v.gr. ....Verbigracia
V.ºB.º ....Visto bueno
Vda. ....Viuda
vol....................................Volumen
V.I. ....Vuestra Ilustrísima
V.E.................Vuestra Excelencia

SIGLAS

Ac.: Acuerdo.
AISNA: Administración Institucional de la Sanidad Nacional.
AN: Audiencia Nacional.
ap.: Apartado.
ApNDL: Apéndice 1975-1985 al Nuevo Diccionario de Legislación.
art.: Artículo.
AS: Aranzadi Social.
BOE: Boletín Oficial del Estado.
CC: Código Civil.
CCirc: Código de la Circulación.

CCom: Código de Comercio.
CE: Constitución Española.
CEI: Comisiones de Evaluación de Incapacidades.
CGPJ: Consejo General del Poder Judicial.
Cir: Circular.
Cont.-Adm.: Contencioso-Administrativo.
CP: Código Penal.
CPM: Código Penal Militar.
CTC: Comisiones Técnicas Calificadoras.
D: Decreto.
Dir. Gral.: Dirección General.
Disp. Adic.: Disposición Adicional

Disp. Transit: Disposición Transitoria.

DLeg.: Decreto Legislativo.

DLey: Decreto Ley.

ET: Estatuto de los Trabajadores.

FGS: Fondo de Garantía Salarial.

ILT: Incapacidad Laboral Transitoria.

INEM: Instituto Nacional de Empleo.

INP: Instituto Nacional de Previsión.

INSALUD: Instituto Nacional de la Salud.

INSS: Instituto Nacional de la Seguridad Social.

IPC: Indice de Precios al Consumo.

LAN: Legislación de Andalucía.

LAR: Ley de Arrendamientos Rústicos.

LARG: Legislación de Aragón.

LAU: Ley de Arrendamientos Urbanos.

LCAN: Legislación de Canarias.

LCAT: Legislación de Cataluña.

LCLM: Legislación de Castilla-La Mancha.

LCM: Legislación de la Comunidad de Madrid.

LCS: Ley del Contrato de Seguro.

LCT: Ley del Contrato de Trabajo.

LCTB: Legislación de Cantabria.

LCV: Legislación de la Comunidad Valenciana.

LCyL: Legislación de Castilla y León

LECiv: Ley de Enjuiciamiento Civil.

LECrim: Ley de Enjuiciamiento Criminal.

LEF: Ley de Expropiación Forzosa.

LEXT: Legislación de Extremadura.

LG: Legislación de Galicia.

LGSS: Ley General de la Seguridad Social.

LH: Ley Hipotecaria.

LIB: Legislación de las Islas Baleares.

LJCA: Ley de Jurisdicción Contencioso-Administrativa.

LLR: Legislación de La Rioja.

LNA: Legislación de Navarra.

LO: Ley Orgánica.

LOJM: Ley Orgánica de la Jurisdicción Militar.

LOPJ: Ley Orgánica del Poder Judicial.

LPA: Ley de Procedimiento Administrativo.

LPAS: Legislación del Principado de Asturias.

LPE: Ley de Patrimonio del Estado

LPH: Ley de Propiedad Horizontal.

LPI: Ley de Propiedad Intelectual.

LPInd: Ley de la Propiedad Industrial.

LPL: Ley de Procedimiento Laboral.

LPV: Legislación del País Vasco.

LRC: Ley del Registro Civil.

LRJAE: Ley de Régimen Jurídico de la Administración del Estado.

LRJ-PAC: Ley de Régimen Jurídico de las Administraciones Públicas y del Procedimiento Administrativo Común.

LRM: Legislación de la Región de Murcia.

LRU: Ley de Reforma Universitaria.

LS: Ley del Suelo.

LSA: Ley de Sociedades Anónimas.

LSRL: Ley de Sociedades de Responsabilidad Limitada.

Mag. Trab.: Magistratura de Trabajo.

M.º: Ministerio.

NDL: Nuevo Diccionario de Legislación.

N. de R.: Nota de Redacción.

núm.: Número.

O.: Orden.

párr.: párrafo.

RAT: Reglamento de Accidentes de Trabajo.

RCL: Repertorio Cronológico de Legislación.

RD: Real Decreto.

RDGR: Resolución de la Dirección General de los Registros.

RDLeg.: Real Decreto Legislativo.

RDLey: Real Decreto Ley.

REF: Reglamento de Expropiación Forzosa.

Reg. Civ.: Registro Civil.

Reg. Prop.: Registro de la Propiedad.

Reg. Prop. Ind.: Registro de la Propiedad Industrial.

Regl.: Reglamento.

Res.: Resolución.

RH: Reglamento Hipotecario.

RJ: Repertorio de Jurisprudencia.

RPEA: Reglamento Procedimiento Económico Administrativo.

RRC: Reglamento del Registro Civil.

RRM: Reglamento del Registro Mercantil.

RTC: Repertorio del Tribunal Constitucional.

RTCT: Repertorio del Tribunal Central de Trabajo.

S: Sentencia.

SAT: Sociedad Agraria de Transformación.

SMAC: Servicio de Mediación, Arbitraje y Conciliación.

SOVI: Seguro Obligatorio de Vejez e Invalidez.

TC: Tribunal Constitucional.

TCT: Tribunal Central de Trabajo.

TEAC: Tribunal Económico-Administrativo Central.

TEDH: Tribunal Europeo de Derechos Humanos.

TGSS: Tesorería General de la Seguridad Social.

TJCE: Tribunal de Justicia de las Comunidades Europeas.

TR: Texto Refundido.

TS: Tribunal Supremo.

TSJ: Tribunales Superiores de Justicia.

UVMI: Unidad de valoración médica de incapacidades.

Glosario

Español	Francés	Inglés	Alemán
A			
Abdicación	Abdication	Abdication	Entsagung
Aberración	Aberration	Aberration	Verirrung
Abjurar	Abjurer	Forswear	Abschwören
Abogacía	Profession d'avocat	Lawyership	Anwaltschaft
Abogado	Avocat	Lawyer, Barrister, Attorney	Rechtsanwalt, Advokat
Abolir	Abolir	Abolish	Aufheben, Abschaffen
Abono	Abonnement	Subscription	Abonnement
Abordaje	Abordage	Boarding, Collision	Zusammenstoss, Kollision
Abortivo	Abortif	Abortive	Abtreibend
Abreviatura	Abréviation	Abbreviation	Abkürzung
Abrogación	Abrogation	Abrogation	Aufhebung
Absolutorio	Absolutoire	Absolutive	Lossprechend
Absolver	Absoudre	Acquit	Freisprechen
Abstención	Abstention	Abstention	Enthaltung
Abuso	Abus	Violation, Infringement	Missbrauch
Acatar	Respecter	Respect	Verehren
Acción	Action	Share	Aktie
Acción, hecho	Action	Act	Handlung, Tat
Activos	Avoirs liquides	Assets	Realwerte
Acto	Action, acte	Act, action	Handlung, tat
— de conservación	Acte de conservation	Conservatory act	Verwahrende Handlung
— jurídico	— juridique	— legal transaction	— Rechtshandlung
— fraudulento	— frauduleux	— fraudulent	— betrügerische Tat
— de presencia	— de présence	— appearance	— Anwesenheit
— punible	— punissable	— punishable	— strafbare Tat
Acusación	Accusation	Accusation, charge, prosecution	Klage, Anklage
Acusado, reo	Accusé	Accused, defendant	Beschuldigter
Acusador	Accusateur	Plaintiff	Ankläger
Adjudicación	Adjudication	Adjudication	Verdingung, Ausschreibung
Adjudicatario	Adjudicataire	Awarder, Tenderer	Übernehmer
Administración	Administration	Administration	Verwaltung
Administrador	Administrateur	Managing director	Verwalter

Español	Francés	Inglés	Alemán
Admitir	Admettre	Admit, Hear	Zulassen
— demanda de divorcio	— demande en divorce	— claim for divorce	— Ehescheidungsklage annehmen
— evidencia	— preuve	— evidence	— Beweis zulassen
Aforismo, axioma legal	Brocard	Legal term	Sprichwort
Agravante	Aggravante	Aggravating	Beleidigung
Agresión	Aggresion	Assault	Angriff
Alibi	Alibi	Alibi	Alibi
Alienación	Aliénation	Alineation, Transfer	Veräusserung
Allanamiento	Acquiescement	Acceptance	Hinnahme eines Urteils
Amortización	Amortissement	Redemption	Abschreibung
Aplazamiento	Ajournemnet	Postponement	Vertagung
Aplazar	Ajourner	Postpone	Vertagen
Apremiar	Contraindre	Compel	Zwingen
Aprobar	Approuver	Approve, pass	Genehmigen
Apropiación	Appropriation	Appropriation	Zueignung, Aneignung
Arancel	Tarif	Tariff	Tarif
Arbitraje	Arbitrage	Arbitrage	Arbitrage
Archivos	Archives	Records	Archiv
Arrendamiento	Location, bail	Lease, rent	Verpachtung
Asesinato	Assasinat	Murder	Mörder
Asesor	Assesseur	Assessor	Beisitzer
Atenuación	Atténuation	Mitigation	Milderung
Audiencia	Audience	Hearing	Sitzung, Gehör
Ausencia	Absence	Absence	Abwesenheit

B

Español	Francés	Inglés	Alemán
Balance	Bilan	Balance	Bilanz
Balanza de pagos	Balance des paiements	Trade balance	Zahlungsbilanz
Bancarrota	Banqueroute	Brankruptcy	Bankrott
Barra	Barreau	Bar	Barre, Schranke
Base jurídica	Base juridique	Legal basis	Rechtsgrundlage
Boicotear	Boycotter	Boycott	Boycottieren
Buena fe	Bonne foi	Good faith	Guter Glaube
Bufete	Bureau	Lawyer's office	Büro

C

Español	Francés	Inglés	Alemán
Cadena perpetua	Détention perpètuelle	Imprisonment for life	Lebensläangliche Freiheitsstrafe
Calabozo	Cabanon	Cell of prison	Irrenzelle
Calumnia	Calomnie	Calumny	Verleumdung
Capital social	Capital actions	Share capital	Aktiencapital
Casación	Cassation	Cassation	Kassation
Causa	Cause	Suit, case	Prozess, Rechtssache
Celda	Cellule	Cell	Zeile
Certificado	Certificat	Certificate	Zertifikat
Certificar	Certifier	Certify	Beglaubigen
Citación	Assignation, citation	Writ of summons	Ladung
Citar	Assigner	Summon	Laden
Chantaje	Chantage	Blackmail	Erpressung
Cheque	Chèque	Check, cheque	Scheck
Cláusula	Clause	Clause	Klausel
Clausura	Clôture	Closing	Schluss
Coartada	Alibi	Alibi	Alibi
Código	Code	Code	Gesetzbuch
— civil	— civil	— of civil law	— bürgerliches
— marítimo	— maritime	— maritime law	— Schiffahr
— penal	— penal	— of criminal law	— Straf
Cohecho	Corruption	Bribe	Verschlechterung
Colegio de Abogados	Barreau	Bar Council, Bar Association	Anwalt, Anwaltsstand
Comisaría	Bureau de police	Police station	Polizeibüro
Comisión arbitral	Commission arbitrale	Board of referees	Schiedsausschuss
Compareciente	Comparant	Appearer	Komparant

Español	Francés	Inglés	Alemán
Compendio	Abrégé	Abridgement, precis	Kompendium
Competencia	Attribution	Competency, Scope of activity	Zuteilung, Aufgabe
Competencia	Concurrence	Competition	Konkurrenz, Wettbewerb
Compromiso	Compromis	Compromise	Schiedvertrag
Condena	Condamnation	Sentence	Verurteilung
— en costas	— aux dépens	— order to pay costs	— zu den Kosten
Concusión	Concussion	Extortion	Erpressung
Confesar	Avouer	Confess	Bekennen, Eingestehen
Consejo	Conseil	Counsel	Rechtsbeistand
Contrato	Contrat	Contract	Vertrag
Costas	Frais	Charges	Kosten, Spesen
Crédito documentario	Crédit documentaire	Documentary credit	Dokumentenkredit
Crimen	Crime	Crime	Verbrechen
Criminal	Criminal	Criminal	Verbrecherisch
Culpa	Culpabilité	Guilt	Schuld
Custodia	Garde	Custody	Wache

D

Español	Francés	Inglés	Alemán
Dar fe	Faire foi	Attest, have probatory force	Beweiskraft haben
Debe	Débit	Debit, liabilities	Debet
Declaración bajo juramento	Attestation sous serment	Affidavit	Versicherung unter Eid
Decreto	Arrété	Decree	Dekret
Demanda	Demande	Demand	Nachfrage
Demandante	Complaignant	Plaintiff	Klagende Partei
Derechohabiente	L'ayant droit	Entitled payee	Empfansberechtgte
Desacato	Outrage à magistrat	Contempt	Beleidigung
Despacho	Bureau	Office	Büro
Detención	Arrestation	Arrest	Verhauftung
Detener	Arrêter	Arrest	Verhaften
Detenido	Détenu	Prisoner	Gefangene(r)
Deuda	Dette	Debt	Schuld
Dictamen	Avis	Advisory opinion	Rechtsgutachten
Documentos justificativos	Documents á l'appui	Evidence in support	Beweisurkunden

E

Español	Francés	Inglés	Alemán
Efecto público	Effect public	Effects, securities	Staatspapier
Ejecutoria	Exécutoire	Writ of execution	Vollziehungsverordnung
Enajenación mental	Aliénation	Alienation	Geisteskrankheit
Encarcelamiento	Incarcération	Imprisonment	Einkerkerung
Encubrimiento	Cel frauduleux	Concealment of chattels	Hehlerei
Estafa	Escroquerie	Racket	Betrügerei
Estatuto	Statut	Statute	Statut
Eximir	Exempter	Exempt	Befreiung

F

Español	Francés	Inglés	Alemán
Fallo	Jugement, sentence	Judicial decision	Urteil
Falsificar	Falsifier	Forger, falsify	Fälschen
Fe notarial	Attestation notariale	Affidavit	Affidairt
Fedatario	Notaire	Public authenticating officer	Notar
Fianza	Caution	Security, bail bond	Bürgschaft, Garantie
Fiscal	Avocat général	Public prosecutor	Offentlicher, Ankläger
Fiscalidad	Fiscalité	Fiscality	Fiskalwesen
Flagrante	Flagrant	Flagrant	Soeben, frisch
Fórmula	Formule	Wording of document	Formel
Fraude	Fraude	Fraud	Betrung

G

Español	Francés	Inglés	Alemán
Gastos	Frais	Expenses	Kosten, Spesen

Español	Francés	Inglés	Alemán

H

Español	Francés	Inglés	Alemán
Haber	Avoir	Assets	Habe, Vermögen
Hacienda pública	Finances publiques	Public treasury	Finanzwesen
Herencia	Heredité	Inheritance	Erbe
Heredad	Propriété	Property	Erbgut
Hipoteca	Hypothèque	Mortgage	Hypothek
Homicida	Homicide	Murderer	Mörder
Honorarios	Honoraires	Professional fees	Honorar
Hurto	Vol simple	Robbery	Diebstahl

I

Español	Francés	Inglés	Alemán
Identidad	Identité	Identity	Identität
Igualdad	Egalité	Equality	Gleichheit
Ilegal	Illégal	Illegal	Gasetzwidrig
Ilícito	Illicite	Illicit	Unerlaubt
Impedimento	Empêchement	Impediment	Hindernis
Impreso	Formule	Form	Formular, Vordruck
Impuesto	Impôt	Tax	Steuer
Impugnar	Contester	Contest	Bestreiten
Impune	Impuni	Unpunished	Ungestraft
Imputar	Imputer	Charge	Beschuldigen
Inalienable	Inaliénable	Unalienable	Unveräusserlich
Incapacidad	Incapacité	Incapacity	Unfählgkelt
Incoar	Ouvrir	Inchoate	Beginnen
Incriminar	Incriminer	Incriminate	Beschuldigen
Indemnizar	Indemniser	Compensate	Erstatten
Indicio	Indice	Presumption	Merkmal
Inmobiliario	Immobilier	Real, immovable	Unbeweglich
Inmobiliaria	Immobiliére	Estate agency	Liegenschftsagentur
Inmunidad	Immunité	Immunity	Vorrecht
Instancia	Instance	Application form	Bittschrift
Invalidación	Destruction	Destruction	Zerstörung
Inversor	Investisseur	Investor	Angelor
Invocar	Invoquer	Invoke	Anrufen

J

Español	Francés	Inglés	Alemán
Judicatura	Judicature	The Bench, Judicature	Richterstand
Juez	Juge	Judge	Richter
— apelación	— d'appel	— in appeal	— Apellations
— instructor	— rapporteur	— in charge of enquiry	— Referent
— letrado	— de carrière	— professional	— Berufsrichter
— de paz	— de paix	— justice of the peace	— Amtsrichter
Juicio	Jugement	Judgement, trial	Urteilskraft
Jurado	Juré	Jury	Geschworener
Juramento	Serment	Swearing, oath	Schwur
— en falso	— faux	— false	— falsch schwören
Jurar	Jurer	Swear	Leisten
Jurídico	Juridique	Legal	Rechtlich
Jurisprudencia	Jurisprudence	Court decisions	Rechtswissenschaft
Jurisdicción	Juridiction	Jurisdiction	Gerichtsbarkeit
Justicia	Justice	Justice	Gerechtigkeit
Justipreciar	Fixer le juste prix	Appraise	Abschätzen
Juzgado	Tribunal	Court tribunal	Gerichtshof
Juzgar	Juger	Judge	Urteilen

L

Español	Francés	Inglés	Alemán
Ladrón	Voleur	Thief, robber	Dieb
Laudo	Sentence arbitrale	Settlement by arbitration	Schiedsspruch
Lesión	Lésion	Injury	Wunde
Letra de cambio	Lettre de change	Bill of exchange, draft	Trate, Wechsel

Español	Francés	Inglés	Alemán
Ley	Lei	Law, bill, act	Gesetz
Licitar	Enchérir	Bid	Versteigern
Litigio	Litige	Lawsuit	Rechtsstreit
Litisexpensas	Frais judiciaires	Law costs	Gerichtskosten

M

Magistrado	Magistrat	Judge	Rat an Berufungshofe
Mandamiento judicial	Règlement judiciaire	Court regulations	Gerichtsordnung
Marca	Marque	Mark	Marke
Minuta	Minute	Draft	Koncept, entwurf
Modificar	Modifier	Modifier	Abändern
Monopolio	Monopole	Monopoly	Monopol
Moratoria	Moratoire	Moratorium	Frist, verzug
Moroso	Retardataire, en retard	Slow pay, in default	Saumselig, langsam
Motín	Emeute	Riot	Aufstand
Muerte	Mort	Death	Tod
Multa	Amende	Fine	Geldstrafe

N

Naufragio	Naufrage	Shipwreck	Schiffbruch
Necesidad	Nécessité, besoin	Necessity, need	Notwendigkeit, Berdarf
Negociación	Nègociation	Negotiation	Verhandlung
Notario	Notaire	Notary public	Notar
Notificar	Notifier	Notify	Anzeigen
Notorio	Notoire	Notorious	Allgemein

O

Objetar	Objecter	Object	Einwenden
Orden	Arrété	Order	Beschluss
Orden de pago	Ordre de paiement	Payment order	Auszahlugsanordnung
Otorgar	Octroyer	Grant	Bewilligen

P

Pacto	Accord	Agreement	Pakt, vertrag
Pagaré	Billet á ordre	Promisory note, I.O.U.	Schuldschein
Pasivo	Passif	Liabilities	Passiva
Patentar	Breveter	Patent	Patentieren
Patente	Brevet	Patent	Patent
Patrimonio	Patrimonie	Patrimony, estate	Vermögen
Pericia	Compétence	Expertness	Erfahrenheit
Perito	Expert	Expert	Experte
Perjuicio	Préjudice	Damage	Schaden
Perjurio	Parjure	Perjury	Meineid
Plazo	Délai, échéance	Term	Frist, zeitraum
Pleitear	Plaider	Litigate	Prozessieren
Pleito	Procès	Suit	Prozess
Pliego	Cahier	Folder	Bogen
Poder judicial	Pouvoir judiciaire	Judicial power	Richterliche Gewalt
Policía judicial	Police judiciaire	Criminal investigation department	Kriminalpolizei
Prenda	Arrhes	Deposit	Handgeld
Prisión	Détention	Detention	Untersuchungshaft
Procedimiento civil	Procédure civile	Procedure in civil law	Zivilprozess
Procurador judicial	Avoué	Solicitor	Anwalt, Prozessführer
Protesto	Protêt	Protest	Wechselprotest

Q

Querella	Plainte	Complaint	(Straf-) Klage
Quiebra	Banqueroute	Bankruptcy	Bankrott, Bankbruch

174

spañol	Francés	Inglés	Alemán

R

Rama	Branche	Branch	Geschäfszweig
Rango	Rang	Rank	Rang
Ratificar	Ratifier	Ratify	Bestätigen
Real	Arrété	Royal	Königlicher
Decreto	Royal	Decree	Erlass
Rebatir	Réfuter	Refute	Widersprechen
Recibí	Bon de reception	Received payment	Quittung
Recurrir	Appeler	Appeal	Sich wenden
Recusado	Récusé	Challenged	Abgelehnter
Redactar	Formuler	Formulate, draw up, lay down	Formulieren, abfassen
Registro de la propiedad	Bureau des hypothèques	Mortgage registry	Hypothekenamt
Reglamento	Règlement	Regulations, rules	Statut, Vorschrift
Reincidente	Récidiviste	Recidivist	Rückfällig
Revisar	Reviser	Review	Revidieren
Revocar	Reformer	Reverse	Widerrufen

S

Sala	Chambre, Salle	Court, chamber	Gericht
Saldar	Liquider	Settle	Saldieren
Sanción	Sanction	Sanction	Bestätigung
Sentencia	Sentence, arrêt	Verdict	Urteil
Sentencia absolutoria	Décision absolutoire	Acquittal	Freisprechund
Sentencia de muerte	Arrêt de mort	Sentence of death	Todesurtell
Sociedad	Societé	Firm, company	Gesellschaft
— anónima	— anonyme	— limited	— aktien
Socio	Sociétaire	Partner	Gesellschafter
Subasta	Adjudication publique	Auction	Versteigerung
Sumario	Enquête	Enquiry	Gerichtliche Untersuchung
Suplicar	Supplier	Request	Bitten
Suspensión de pagos	Cessation de paiements	Suspension of payments	Einstellung der Zahlungen

T

Talón	Chèque	Check	Scheck
Testimonio	Attestation	Testimony	Bezeugung, attest
Tratado	Traité	Treaty	Abkommen
Tutela	Tutelle	Tutorship	Vormundschaft

V

Validación	Validation	Validation	Gültigkeitsrklarung
Validez	Validité	Validity	Gültigkeit
Valor añadido	Valeur ajoutée	Value added	Mehrwert
Vencimiento	Echéance	Maturity	Fälligkeit
Veredicto absolutorio	Jugement d'acquittement	Verdict of not guilty	Freisprechendes Urteil
Vía judicial	Voie judiciaire	Recourse to law	Rechtweg
Vigente	En vigueur	In effect	(Rechts) gültig